Ludwig Baumann

Niemals gegen das Gewissen

Ludwig Baumann

Niemals gegen das Gewissen

Plädoyer des letzten Wehrmachtsdeserteurs

In Zusammenarbeit mit Norbert Joa

HERDER

FREIBURG · BASEL · WIEN

MIX
Papier aus verantwortungsvollen Quellen
FSC® C083411
www.fsc.org

Originalausgabe

www.herder.de

Umschlaggestaltung: Designbüro Gestaltungssaal

Satz: Barbara Herrmann, Freiburg
Herstellung: CPI books GmbH, Leck

Printed in Germany

ISBN 978-3-451-30984-7

Auch als E-Book erhältlich:
ISBN 978-3-451-80099-3

Einleitung

Manchmal werde ich gefragt, ob die Zeit nicht alle Wunden heilt.

An guten Tagen scheint es manchmal so zu sein und natürlich kenne ich auch das Glück und liebe das Leben. Sonst wäre ich auch nicht so alt geworden. Aber dann, vor allem in dunklen Winternächten, kommt er immer wieder, und in den letzten Jahren wieder häufiger, dieser Traum:

Ich liege in meiner Todeszelle, mit schweren Eisenfesseln an Händen und Füßen. Ich kann nicht schlafen, nicht weglaufen, mich nicht wehren – ich kann nur warten. Ohnmächtig und ausgeliefert.

Dann werde ich begnadigt.

Und dann reißen sie die Zellentür auf und zerren mich hinaus, zum Erschießen.

Dann ziehe ich mich an und gehe eine Runde um den Block.

Ab und an singe ich dabei leise, um die Gespenster zu vertreiben: »Guter Mond, du gehst so stille« oder »Weißt du, wie viel Sternlein stehen?«

Wo ich wohne, am Bremer Stadtrand, ist es nachts sehr still und dunkel.

Mit 70 ging ich einmal eine Weile zum Therapeuten, und auch wenn er mir mit den Gesprächen meine Albträume nicht zu nehmen vermochte, so kann ich doch seitdem wieder summen und singen.

Aus Altenheimen hört man ja Ähnliches – von nächtlicher Unruhe und Schreien, wenn die Erinnerungen ungebremst hochsteigen: an Bombennächte, Vergewaltigungen, die Front, die vielen Toten.

Es soll sogar Täter geben, die auf diese Weise noch spät heimgesucht werden. Aber ich denke, es sind nicht viele – ich habe die alten Kameraden oft genug erlebt. Wenn da mal einer auf der Anklagebank saß, dann meist selbstbewusst und ohne Schuldgefühle. Die wurden steinalt.

Im Gegensatz zu uns 4000 Deserteuren, die den Krieg überlebt haben. Vor 20 Jahren waren wir noch 400 – und nun bin ich wohl der Letzte. Ludwig Baumann, geboren im Dezember 1921.

Von meinem Jahrgang starb jeder dritte Mann im Krieg, keine 24 Jahre alt. Was für ein Verbrechen, was für eine Verschwendung.

Und wofür sind sie gestorben?

Wofür haben sie bis zum letzten Tag gekämpft?

Dass Auschwitz die Hölle auf Erden ist, erfuhr ich im Sommer 1943, auf dem Transport ins Wehrmachtsgefängnis Torgau. Aber draußen auf den Straßen sah doch auch jeder, wie die Judensterne weniger wurden.

Die meisten gaben sich zufrieden mit dem Wort »Arbeitseinsatz im Osten«, weil sie es gar nicht so genau wissen wollten. Oder weil sie es ahnten.

Am Ende sind auf deutscher Seite, der Seite der Angreifer, sieben Millionen Menschen gestorben. Und auf der Seite der Angegriffenen in Europa – 38 Millionen. Achtunddreißig Millionen. Davon allein 27 Millionen Russen und sechs Millionen Polen. Der Westfeldzug zielte auf einen militärischen Sieg. Der Ostfeldzug auf Vernichtung.

Ich habe sie gesehen, die brennenden Dörfer und Felder. Und Menschen. In Weißrussland, in der Ukraine.

Hätten doch nur mehr diesen Krieg verraten, dann hätten Millionen nicht mehr zu sterben brauchen.

Von uns Deserteuren, die wir – aus welchen Gründen auch immer – Hitlers Krieg nicht mitmachen wollten, wurden 23 000 erschossen, erhängt oder enthauptet. Und 100 000 von uns sind im KZ oder in den Strafbataillonen gestorben. Keine fünf Prozent der Deserteure haben überlebt. Und keiner der 3000 NS-Militärrichter ist dafür später zur Rechenschaft gezogen worden.

Nach Kriegsende hatten wir gehofft, dass unser Handeln anerkannt würde, aber wir galten weiterhin als »feige Drecksäcke, Kameradenschweine, Vaterlandsverräter, Verbrecher«. Und irgendwann glaubten wir das auch. Und schwiegen. Und glaubten tatsächlich, nichts wert zu sein – schließlich waren wir ja vorbestrafte Kriminelle. Aussätzige.

Die wenigsten von uns haben im Nachkriegsdeutschland Tritt gefasst oder Karriere gemacht. Die wenigsten von uns sind alt geworden. Ohne Würde kann man nicht leben.

Ich werde nie vergessen, wie ich auf einer Tagung erstmals Trauma-Therapeuten traf. Sie sagten, dass auch die Kinder und Enkel noch verstrickt seien, egal, ob die Eltern nun über das Grauen redeten oder schwiegen. Opfer – und hin und wieder auch Täter – bräuchten nicht selten lebenslange, therapeutische Begleitung. Da habe ich eine Ärztin gefragt, ob man nach dem Krieg nicht auch viel mehr Deutschen hätte helfen müssen. Sie meinte: Ja, aber das sei unmöglich gewesen. Allein die deutsche Wehrmacht zählte 18 Millionen Soldaten, dazu deren Angehörige, die Bombenopfer, die Kriegswaisen, die KZ-Überlebenden – so viele Opfer, so viele Täter, so viel Leid, so viel Schuld, so viel Lüge, so viel Grauen im Kopf – letztlich hätte man ein ganzes Volk auf die Couch legen müssen.

So mussten nicht nur wir, sondern auch noch unsere Kinder leiden. Zwei meiner Söhne sind beinahe an harten Drogen gescheitert und ich mache mir Vorwürfe, weil sie damals in mir keinen Halt fanden. Ihr Vater war lange ein Trinker, erniedrigt und nicht für sie da. Wenn nun der *Spiegel* über mich titelte »Ein deutscher Held«, so stimmt das nicht.

Ich war kein Widerstandskämpfer. Und auch kein Held. Feige war ich aber auch nicht. Die Wahrheit ist: Ich wollte nicht töten.

Und ich wollte leben.

Die Söhne der angeblichen »Helden« gingen auch keinen einfachen Weg. Mit Vätern, die schwiegen, um Grauen oder Schuld nicht aufsteigen zu lassen, oder auch noch 50 Jahre nach dem Angriff auf nahezu alle Länder Europas von »Vaterlandsverteidigung« faselten. Und von »Pflicht« und »Treue« und »Eid« und vor allem: »Ehre«.

Darum ging es mir später auch nie um die Ehre – die klang militärisch hohl in meinen Ohren –, sondern um Würde.

Ich bin oft gefragt worden, was das Gestern mit dem Heute zu tun habe. Mir ist klar, dass die Bundeswehr nicht die Wehrmacht ist. Die Verbindung haben aber lange jene gezogen, die uns die Anerkennung verweigerten mit den Worten: »Wir können Deserteure nicht rehabilitieren, weil damit alle Wehrmachtssoldaten ins Unrecht gesetzt werden und zudem die Moral der Bundeswehrsoldaten untergraben wird.« Norbert Geis von der CSU – unser härtester Gegner – sieht das noch heute so.

Ich will Fahnenflucht nicht glorifizieren, aber wir Wehrmachtsdeserteure sollten als Vorbilder gelten für die Bundeswehr. Denn wollte sie einen Krieg führen wie die Wehrmacht, wären heute alle Soldaten laut Grundgesetz gezwungen, zu desertieren. Schließlich war der Zweite Weltkrieg »ein Angriffs- und Vernichtungskrieg, ein vom NS-Deutschland verschuldetes Verbrechen.« So lautet ein Bundestagsentschluss vom Mai 1997. 52 Jahre nach Kriegsende. Und erst 2009 wurden die Urteile wegen Kriegsverrat aufgehoben. 64 Jahre nach Kriegsende. Manchmal braucht es einen langen Atem – aber es hat sich gelohnt.

Mein ganzes Leben habe ich um meine Würde gerungen. Und ich denke, ich habe sie mir wiedergeholt.

Ich bin nun 92 Jahre alt und höre nicht auf, an eine bessere Welt zu glauben. So möchte ich in der Zeit, die mir noch bleibt, von meinem Leben erzählen, dass es vielleicht doch wert ist, weitergetragen zu werden. Aber auch vom Heute und dem langen Weg mit den Freunden der Friedens- und Eine-Welt-Bewegung.

Die Generation meiner Enkel und Urenkel soll wissen, dass es lohnt, »Nein« zu sagen und zu streiten und dass wir – wenn wir hartnäckig für etwas eintreten – etwas ändern können.

Post vom Dezember 1993 – Absender: anonym

»Sehr geehrter Herr Baumann!

Ich kann nur bedauern, dass Sie nicht erschossen oder geköpft wurden. Wo in der Welt haben Deserteure sich eingebildet, noch Kränze geflochten zu bekommen? Halunken, Strolche, feige Schurken waren sie. Diese Deserteure haben das Leben von Hunderttausenden Kameraden auf dem Gewissen.

Dass Sie es wagen, überhaupt noch in der Öffentlichkeit aufzutreten, ist eine Schande. Sie mögen dafür in der Hölle büßen.

In meinen Augen sind Sie und die anderen Deserteure elende, verachtenswerte Lumpen und Banditen und Mörder an ihren im Stich gelassenen Kameraden. Sie wollten doch nicht das System bekämpfen, sondern waren ein feiger, hinterhältiger Schurke.

Opfer der Militärjustiz? – Man kann darüber nur lachen.«

Kapitel 1

Wenn ich in Hamburg bin, meiner Heimatstadt, gehe ich meist auch an seinem Haus vorbei, in Wandsbek. Da wohnte Kurt.

Ein fröhlicher, pfiffiger Typ, gut aussehend, mit einem klaren Gesicht. Wir waren 1942 zusammen in Frankreich, in der Hafenkompanie Bordeaux.

Bordeaux ist eine sehr schöne Stadt, und wenn wir nicht gerade Beutegut bewachten, flanierten wir am Kai, saßen in den kleinen Cafés oder gingen ins Soldatenkino. Dort konnte man sogar noch unterm Krieg Hollywood-Filme sehen!

Ich hatte dann die Idee zur Fahnenflucht, wir wurden geschnappt, saßen Zelle an Zelle im Todestrakt und später im Wehrmachtsgefängnis Torgau. Er kam dann mit seinem Strafbataillon vor mir an die Ostfront und nie mehr nach Hause.

Als ich nach dem Krieg seine Mutter besuchte, hat sie viel geweint – wohl auch, weil ich überlebt habe und Kurt nicht. Ich habe sie dann irgendwann nicht mehr besucht. Zum einen, weil ich begonnen hatte zu trinken, aber auch, weil ich mich schuldig fühlte. Es war ja mein Vorschlag gewesen, zu desertieren. Aber ich weiß, dass auch Kurt gegen den Krieg war und kein Soldat sein wollte.

Im Sommer 2009 bekam er einen dieser glänzenden, metallenen Stolpersteine vors Haus. Darauf steht: »Hier wohnte Kurt Oldenburg. Jahrgang 1922. Dienst an der Waffe verweigert – Todesurteil 1942 – Strafbataillon – Tot 1945.«

Ich habe noch heute sein kleines Porträtbild im Portemonnaie. Und auch das von Johann. Den habe ich sehr bewundert – ein feiner, stiller, humaner Mensch. Er lag damals im Krankenrevier Torgau, mit blutenden Hand- und Fußgelenken, weil die Eisenfesseln so scheuerten. Wir haben uns oft getroffen und er erzählte mir von seiner Frau. Johann Lukaschitz war ein Gutmütiger, Freundlicher – aber er hatte da schon keine Hoffnung mehr. Er ist 25 geworden.

Nach der Schlacht bei Kursk, im Juli 1943, war in seiner Sturmpanzer-Abteilung eines Nachts mit viel Schnaps und Leichtsinn ein Soldatenrat ausgerufen worden – im Gefechtsbunker wurde russische Musik gespielt und »Brüder zur Sonne, zur Freiheit« gesungen. Dann gingen auch noch Hitler-Bilder zu Bruch – da war viel Wut und Verzweiflung, schließlich waren in den Tagen zuvor 50 000 deutsche Soldaten gefallen.

Die Geheime Feldpolizei hat von der Aktion erfahren und 17 Soldaten verhaftet, alle Träger des Eisernen Kreuzes. Nach kurzem Prozess sind die meisten erdrosselt worden – durch langsames Hochziehen, wie bei den Männern des 20. Juli im Jahr darauf. Sie hätten keinen schnellen Tod verdient, so die Militärrichter. Der Johann hatte bei der Aktion gar nicht mitgemacht, wurde aber von Militärrichter Werner Lueben dennoch zum Tod verurteilt: Wegen »Nichtanzeige eines geplanten Kriegs- und Hochverrats«. Wegen Nichtanzeige seiner Kameraden!

Als ich Johann zum letzten Mal sah, sagte er zum Abschied ganz leise und verzweifelt: »Nie wieder Krieg.«

Mein ganzes Leben trage ich diesen Satz in mir. Im Februar 1945 haben sie ihn in Halle enthauptet. Ich hab den Johann sehr gern gehabt.

1979

Meine vier größeren Kinder haben das Haus verlassen und nur die beiden jüngsten Söhne, 13 und 17, wohnen noch bei mir. Langsam lässt die Überforderung nach – seit 13 Jahren bin ich alleinerziehend, seit dem 12. Februar 1966. Waltrauds Todestag ist zugleich Gregors Geburtstag. Aber davon erzähle ich später.

1979 beginnt für mich und Millionen Deutsche mit einer Erschütterung. Im Fernsehen läuft der Vierteiler »Holocaust« – die Geschichte einer jüdischen Familie im Dritten Reich. Schon unterm Krieg hatte ich vom Morden in Auschwitz gehört, aber nichts von Massenvergasungen, nicht von diesem Ausmaß. Die Geschichte, die Bilder wühlen mich auf – ich glaube, erst ab da waren die Deutschen langsam bereit, über das Vergangene zu reden. Bis dahin kam es ja noch vor, dass Leute im Streit sagten: »Dich haben sie wohl vergessen zu vergasen.«

Dass aber im Grunde auch ich zu den Opfern zählte, war mir damals nicht bewusst. Ich war politisch, hatte aber meine Geschichte verdrängt. Ich litt mit den Juden und Kommunisten, die so viel durchgemacht hatten und dann nach 1945 vergebens um eine Entschädigung kämpften.

Die bekam erst mal die deutsche Kriegerwitwe, der Vertriebene, das Bombenopfer. Und sogar Marion Freisler, die Witwe des Präsidenten des Volksgerichtshofs! Der hatte Tausende Hitler-Gegner hinrichten lassen und war bei Kriegsende bei einem Luftangriff gestorben. Seine Frau bekam eine Witwenrente und ab 1974 noch eine monatliche Erhöhung um 400 Mark, als »Berufsschadensausgleich«. Begründung: Ihr Mann Roland hätte nach dem Krieg sicher weiter Karriere gemacht und noch mehr verdient.

Auf meinem Rentenbescheid stand lange: 700 Mark im Monat plus 65 Mark Sozialhilfe. Aber auch nur, weil ich 1979 diesen Job angenommen hatte, als Zuarbeiter im Bremer Jugendamt. Die hatten dort ja Einblick, wie es um mich stand, den alleinerziehenden Vater mit den vielen Kindern. Dort arbeiteten auch Pazifisten und Kommunisten, meist Sozialarbeiter, die sagten: Den Typ können wir gebrauchen. Die hielten einen Wehrmachtsdeserteur wie mich nicht für den letzten Dreck, im Gegenteil.

Das hat gut getan. Und weil ich gut mit Leuten konnte und auch schon mal Ansprachen hielt, nahmen sie mich mit zu ihrer DKP-Weihnachtsfeier. Und gerade, als es so richtig schön war, nach dem Essen, standen alle auf und sangen die SED-Hymne:

»Was wir sind, sind wir durch sie.
Sie hat uns niemals verlassen.
Fror auch die Welt, uns war warm.
Uns schützt die Mutter der Massen.
Uns trägt ihr mächtiger Arm. –
Die Partei, die Partei, die hat immer Recht!«

Da habe ich mir gedacht, wo bin ich denn nun gelandet? Die Partei hat immer Recht? Ich schätze Kommunisten, aber diese Grundsätzlichkeit kann ja wohl nicht stimmen.

Später stand ich einmal vor der Neuen Wache in Ostberlin und sah mir den Wachwechsel an. Mir fiel auf, dass die NVA-Uniform vom Schnitt her ähnlich war wie unsere bei der Wehrmacht. Und dazu noch dieser Stechschritt. Da stieg in mir ein ganz ungutes Gefühl hoch.

Ich denke, es gibt keine gute Armee. Soldaten wurden immer dazu missbraucht, alles zu zerstören: das fremde Land, das eigene Land und sich selber. Und nie konnte einer hinterher sagen, was der, den er tötete, ihm denn eigentlich getan hatte. Daher bin ich auch heute noch davon überzeugt: Man kann nichts Besseres tun, als auch in Zukunft den Krieg – und zwar jeden Krieg – zu verraten!

So hätte ich es 1979 noch nicht ausdrücken können, aber das Jahresende ließ mich dann vollends aufwachen – als die NATO beschloss, Pershing-Raketen und Marschflugkörper in Deutschland zu stationieren. Das war am Tag vor meinem 58. Geburtstag. Vom begrenzten Schlachtfeld Europa war die Rede.

Nicht noch einmal.

Nie wieder, Johann!

***

Meine Eltern kamen aus sehr armen Verhältnissen. Der Vater meiner Mutter war ein Trinker und brutal, und ich kann mich erinnern, dass er sich damit gebrüstet hat, wie er im Ersten Weltkrieg mit russischen Gefangenen umgegangen war. Seine Frau und seine Kinder lebten meist von der Inneren Mission.

Mein Vater Otto war 15 Jahre älter als meine Mutter Thea und das älteste von elf Kindern eines Gutsarbeiters in einem Dorf südlich von Magdeburg. Mein Vater machte eine Bäckerlehre, ging dann jung nach Hamburg und wurde Zahlmeister auf Schiffen. Erst auf kleineren, bald auf größeren. Er war wohl sehr ehrgeizig und ich sage mal vorsichtig – mit Blick auf manche Schiffsladung und Zollvorschrift –, auch sehr geschäftstüchtig.

Er wurde Tabakgroßhändler und eröffnete Zigarrengeschäfte, eines davon leitete meine Mutter. Bald gehörte ihnen ein schönes Haus in Eimsbüttel. Das Kriegsende 1918 erlebte er bei der Marine in Kiel, da war er 38 und hatte – so sagte er – keinen Schuss abgegeben.

In den letzten Kriegstagen, als alles längst verloren war, sollte die kaiserliche Flotte noch einmal auslaufen und im »Todeskampf ehrenvoll untergehen«. Die Matrosen aber meuterten und es kam zur Novemberrevolution. Die Rechten strickten daraus die »Dolchstoßlegende« – als ob die Matrosen schuld gewesen wären an der deutschen Niederlage. Auch deshalb waren später, im Dritten Reich, die Marinerichter die schärfsten Hunde. Solche wie Hans Filbinger, der spätere Ministerpräsident von Baden-Württemberg.

Mein Vater ist damals bei dieser Meuterei mitgelaufen, mit den Matrosen und Arbeitern, aber nicht mit heißem Herzen. Er war deutschnational und schwärmte zeitlebens für Kaiser Wilhelm und seinen Kanzler Bismarck.

1920 wurde meine Schwester Gertrud geboren – mein Vater hing sehr an ihr. Und im Jahr darauf kam ich – Mutters Liebling.

In meinem Wohnzimmer hängt ein altes Foto, das zeigt unsere Hamburger Straßenbande: Vorne sitzen Jungs in kurzen Hosen, dahinter stehen die Mädchen. Und am Rand ist Püppi, meine große Kinderliebe – Püppi, mit der kessen weißen Schleife im Haar. Man sieht im Hintergrund noch Pferdekutschen und Autos, die aussehen wie Pferdekutschen.

Ich war ein Straßenjunge, beim Spielen immer vorneweg, kräftig, sportlich, später der Klassenbeste im Turnen. Auch geprügelt habe ich mich. Die Straßenschlachten zwischen Kommunisten und Nazis habe ich noch mitbekommen; bei der Machtergreifung war ich ja schon elf. Bei der letzten freien Wahl hatte mein Vater Hitler gewählt – er war der Parole aufgesessen: Nationalsozialismus und Wohlstand oder Kommunismus und Untergang. Er hat das später sehr bereut. Er blieb zwar ein Konservativer, dem Worte wie »Treue« und »Pflicht« viel bedeuteten, aber er war kein Nazi. Unser Hausmeister war Kommunist und oft bei uns, wo er uns Kindern Schach beibrachte. Mein Vater sagte einmal über ihn, nachdem er gegangen war: »Seltsam – Kommunist und doch ein anständiger Kerl.«

Am Wochenende waren wir oft am Stadtrand, in unseren Gärten. Dann hatte Vater auch mal Zeit, er ist mit mir wandern gegangen, hat mich Huckepack genommen und mit mir fröhliche Lieder gesungen.

Ich versuche, mich auch an diesen Vater zu erinnern. Aber da gab es den anderen – der sich so sehr wünschte, dass sein einziger Sohn so erfolgreich wird wie er. Und dann kam meine Einschulung. Durchschnittliche Fehlerzahl bei Diktaten: 20 bis 30. Meine Eltern mussten denken, dass ich dickfellig war, dumm und faul. In den Zwanzigerjahren wusste doch keiner was von Legasthenie. Ich war verzweifelt, musste stundenlang lernen und wusste am Ende nicht mehr, wie man das Wörtchen »und« richtig schreibt. Ich hatte Angst vor der Schule und bekam Durchfall, sobald ein Diktat anstand.

Da hagelte es dann wieder Fehler und mein Vater war wieder enttäuscht, und weil er wütend und jähzornig war und sich leicht vergaß, hatten meine Eltern eine Absprache getroffen: Nach schlechten Noten musste ich den

Rohrstock selber vom Küchenschrank holen, ihn meiner Mutter geben, mir dann im Elternschlafzimmer die Hose herunterziehen und mich bücken und stillhalten, während sie mich schlug. Schlagen musste, auf Geheiß meines Vaters. Sie hatte dabei Tränen in den Augen und hat auch hinterher noch geweint, während sie mich in den Arm nahm.

Das ging so, bis ich zwölf war – es war für alle erniedrigend.

Ich habe sie aber nie verurteilen können und liebe sie heute noch sehr. Und wenn ich artig war, hatte ich auch glückliche Kindertage.

Dass ich im Rechnen ganz gut war, spielte keine Rolle. Meine Schwester Gertrud brachte stets Einsen nach Hause und so sagte mein Vater einmal: »Wärst du Waschlappen bloß ein Mädchen geworden und Gertrud ein Junge!« Er hat das bestimmt nicht so gemeint und auch nicht gemerkt, was er mir damit antat.

Meine Schwester hatte Gelenkrheuma und war deshalb oft und lange auf Kur. Da schlief ich dann allein im Kellerkinderzimmer – das hat mir große Angst gemacht. Aber hochgehen, zu den Eltern, so was gab's damals nicht.

Als Kind hatte ich einen wiederkehrenden Traum: Dicke, schwere, schwarze Kugeln prallen dumpf aneinander. Dann öffnet sich eine Tür und eine schwarze Gestalt tritt ein, eine Gestalt ohne Gesicht. Mein Vater. Ich hatte fürchterliche Angst vor ihm. Und wünschte mir so sehr, ihm zu gefallen. Nun konnte mein Vater Spatzen nicht leiden, weil sie unsere Kirschen im Garten pickten. Also wünschte ich mir ein Luftgewehr. Ich habe dann in seinem Beisein die Spatzen abgeschossen, und es hat mir gar nicht gut getan. Aber ich wollte ihm zeigen, dass ich sein Junge bin. Sein harter, tapferer Junge.

Aber auch da hat er mich nie in den Arm genommen.

Mit 14 begann ich eine Maurerlehre – endlich keine Bücher mehr! Ich hatte Spaß an meiner Arbeit und war so ehrgeizig, dass sich die anderen Lehrlinge über mein Tempo beklagten.

Und dann kam dieser Tag im November 1937 – wie ich abends nach Hause komme, sitzt mein Vater allein am Küchentisch. Zum ersten Mal sehe ich ihn weinen. Meine Mutter war überfahren worden, Schädelbruch und Lungenriss. Sie war gleich tot.

Ich war 15 – mir ist eine Welt zusammengebrochen. Über Wochen wollte ich ihren Tod nicht wahrhaben, jeden Morgen nach dem Aufwachen habe ich sie gesucht. Ich soll wie irre gekichert haben. Ich habe so sehr an ihr gehangen. Ihr Tod hat mein Leben völlig verändert.

Ab da war ich nicht mehr so artig. Davor war ich es ja nur gewesen, weil ich bei all meinen Mängeln ihr lieber Junge sein wollte. Von nun an habe ich rebelliert, auch gegen meinen Vater. Körperlich war ich ihm mit 16 schon gewachsen, er hat auch gar nicht versucht, die Hand gegen mich zu erheben.

In jener Zeit kamen immer wieder Werber der Hitlerjugend auf die Baustelle und auch nach Hause, aber ich bin nicht eingetreten, auch wenn fast jeder dabei war. Ich wollte da nicht mitmachen. Und das ging sehr wohl.

Im Sommer 1939 habe ich Adolf Hitler einmal aus der Nähe gesehen. Wir waren mit einem Maurertrupp auf Helgoland und arbeiteten an den Stolleneingängen für die Munitionsdepots und U-Boote. Wir wohnten in Baracken, da ging er mit seinen beiden Adjutanten durch – es war sehr eng und einer von uns machte Meldung.

Ich hätte Hitler berühren können, so nah stand er. Er war nicht größer als ich – so um die Einssiebzig.

Zweimal ließ ich in jenem Sommer bei Sprengungen mein Werkzeug »versehentlich« im Stollen liegen – vielleicht mein erster unbewusster Widerstand. Dafür wurde ich von der Gestapo vernommen – folgenlos.

Dann wurde ich von der Arbeit freigestellt, weil ich ein Vorsemester für mein Tiefbaustudium antreten wollte; Kandidaten ohne Abitur konnten es auf diesem Weg versuchen.

An einem Freitag fuhr mein Schiff von Helgoland zurück nach Hamburg und ich hielt an der Reling angespannt Ausschau nach anderen Schiffen oder Torpedos. Es war der 1. September 1939. Am Morgen hatte die Wehrmacht Polen überfallen.

Kapitel 2

1981

Bonn, im Oktober. Ich liege am Flussufer und kann mich nicht sattsehen – seit Stunden strömen Menschenmassen über die Rheinbrücke zum Hofgarten. Von 300 000 Demonstranten ist die Rede. Transparente zeigen Friedenstauben oder Parolen wie »Frieden schaffen ohne Waffen« oder »Atomraketen – verschleuderte Moneten«. Weit vorne am Rednerpult klebt ein Schild: »Pershing II – Cruise Missiles – NEIN!«.

Altkanzler Willy Brandt spricht. Und Pfarrer Heinrich Albertz und Petra Kelly und Erhard Eppler und am Ende Heinrich Böll, den ich so sehr schätze – für seine Haltung und seine Menschlichkeit. Am Ende überbringt die Witwe von Martin Luther King Grüße und Zuspruch von den amerikanischen Pazifisten und wir singen »We shall overcome«, die Hymne der Bürgerrechtler. Und wie ich dann nachts über die Rheinbrücke zurückgehe, im Strom dieser gewaltigen Friedensbewegung, und an meine Kinder denke, bin ich hochgestimmt und aufgewühlt – wir sind viele und können es vielleicht schaffen, dass Europa nie mehr zum Schlachtfeld wird.

Auf der Rückfahrt im Bus bleibe ich schlaflos und gehe morgens in Bremen direkt zur Arbeit, mit einem schönen Gefühl, das mich noch lange trägt.

Bald genügt es mir nicht mehr, nur Transparente hochzuhalten.

Eine Fahrradstunde von meiner Wohnung liegt in Garlstedt die US-Kaserne der 2nd Armoured Division aus Texas. Die Panzerbrigade nennt sich selber »Hell on wheels«. Später werden 18 Soldaten von ihnen im Zweiten Irakkrieg sterben. Mit Friedensfreunden blockieren wir die Zufahrten aufs Gelände, die Stimmung ist gereizt, Panzerketten schneiden scharf an mir vorbei. Ich bleibe sitzen, ich bin kein Feigling.

In gewisser Weise werde ich nun mit 60 zum späten Einzelkämpfer und oft, wenn ich mit dem Fahrrad zu meiner Schwester nach Garlstedt fahre, schreibe ich mit dickem Filzstift auf die Schilder am Sperrzaun: AMI GO HOME! – immer auf der Hut vor Militärstreifen.

Im US-Strategiepapier »Air Land Battle« steht, von deutschen Generälen mitunterzeichnet: »Unsere Armeen müssen in einer Weise bewaffnet und ausgebildet werden, dass sie die Kampfaufträge bewältigen können, die wir ab Mitte der Neunzigerjahre auf dem mitteleuropäischen Gefechtsfeld durchzuführen haben werden.«

Ich bin sicher, die Menschen in Russland wollen keinen Krieg – vor allem aber wollen sie nicht, dass er von deutschem Boden ausgeht. Ich bin verzweifelt.

1940

Im Frühjahr 1940 bestand ich mein Vorsemester am Hamburger Technikum und kam danach, wie jeder meines Jahrgangs, zum Reichsarbeitsdienst. Wir haben Deiche gebaut, an der Ostsee, bei Elbing in Ostpreußen. Der Ton war rüde und mit uns schufteten auch einige Polen. Auch wenn wir uns nicht verständigen konnten, waren sie mir sympathisch. In der Schule hatten wir Rassenlehre gehabt, da wurde uns klargemacht: Es gibt eine Herrenrasse – das sind wir – und es gibt Untermenschen, das sind vor allem die Völker im Osten. Und obwohl mir alle sagten, dass ich dumm sei, hatte ich ein kritisches Denken. Ich habe den Lehrern das nicht abgenommen. Warum sollte es Menschen geben, die weniger wert sind? Und als ich in den Wochenschauen sah, wie Hitler forderte: Lebensraum fürs deutsche Volk im Osten – da habe ich mich schon als Jugendlicher gefragt, was heißt das dann für die, die dort leben? Und ich fragte mich auch: Was wäre denn, wenn die das mit uns machen würden? Aber wenn man glaubt, dass es wertvolle Menschen gibt und wertlose, dann hat man auch kein Mitgefühl mit diesen Menschen. Ich hatte dieses Mitgefühl.

Beim Einmarsch in Polen wurde die Mehrzahl der Morde an polnischen Zivilisten von Wehrmachtssoldaten begangen. Der »glorreichen Wehrmacht«.

Vier Wochen hatte der Polenfeldzug gedauert. Dänemark war in einem Tag besetzt worden, Norwegen in fünf Wochen. Und dann der Westfeldzug – Holland, Belgien, Luxemburg und Frankreich binnen sieben Wochen!

Im Sommer 1940 hielt uns die ganze Welt für unbesiegbar.

Ich habe das auch befürchtet.

1985

Wie jeden Donnerstag stehe ich von 17 bis 18 Uhr im Käuferstrom der größten Bremer Einkaufsstraße, zwischen Straßenhändlern und Pflastermalern, mit zwei umgehängten Papptafeln, die mir von der Brust bis zum Knöchel reichen. Vorne drauf steht:

> »Wir konsumieren und konsumieren – wir haben die Welt zu einem Kaufhaus gemacht und zerstören sie – die EG gibt jeden Tag 120 Millionen Mark aus, um unverkäufliche Lebensmittel zu lagern und zu vernichten – und jeden Tag verhungern 40 000 Kinder qualvoll.«

Ich dränge mich nicht auf, sondern warte, ob jemand reagiert. Ich bekomme viele freundliche Gesichter zu sehen und häufig sprechen mich Passanten auch an. Dann kommen wir ins Gespräch – über Konsum, die westliche Gesellschaft, Menschlichkeit und die Verantwortung des Einzelnen. Böse Kommentare höre ich selten, mitunter schauen die Leute mit den großen Einkaufstüten kühl, mehr aber nicht. Die meisten sagen, es stimme ja, was da stehe – nur könnten sie nichts ändern. Das stimmt nicht: Mit unserem Verhalten können und müssen wir den Lauf der Welt verändern. So sieht das auch diese neue Partei der Grünen, für die ich Sympathien hege.

Meine Zeilen sagen ja nur, dass wir durch Zuviel-Haben und Noch-mehr-haben-Wollen mitschuldig werden an Hunger und Not in der Welt. Macht und Wohlstand sind ungerecht verteilt. Und damit das so bleibt, werden heute wie damals Soldaten benutzt, dieses Ungleichgewicht zu sichern. Das steht auf der Rückseite meiner Pappen.

Ich weiß, was Hunger ist, ich habe ihn im KZ Esterwegen bis zum Exzess erlebt. Ich bin nicht zufällig in die Eine-Welt-Bewegung geraten. Und in die Friedensbewegung – mein ganzes Leben denke ich an Johanns letzte Worte. »Nie wieder Krieg.« Das gibt mir Kraft.

Mit den christlichen Friedensfrauen bin ich oft bei Mahnwachen gegen die Rüstung, genieße aber auch meine Alleingänge. Vor einer Weile ging ich mit meinen Tafeln auf eine Wahlveranstaltung der CDU – inmitten von Hunderten Unionsanhängern. Da wurde ich dann schon angepöbelt, ein paar versuchten mich wegzudrängen, ich stemmte mich dagegen, einer holte die Polizei, die hat sich das angeschaut und ich durfte bleiben – wir haben schließlich ein Recht auf freie Meinungsäußerung.

Dafür muss man nicht besonders mutig sein – Zivilcourage genügt schon. Vieles tat ich aus Verzweiflung und Wut und weil ich endlich kämpfen konnte. In den Jahrzehnten davor war ich zu kaputt gewesen und hatte erniedrigt als Feigling gelebt. So ist es wohl auch ein Nachholen des Kämpfens, ein spätes Aufbäumen im Dienste einer guten Sache.

Mal sind meine Kinder stolz auf mich, mal befremdet. Mir gibt es jedenfalls Kraft und Halt, jetzt, wo ich bald in Rente gehe.

1941

Ich wollte kein Soldat sein und bin es schließlich am 6. Februar doch geworden, bei der Kriegsmarine. Entziehen konnte sich niemand. Meine Grundausbildung war in Belgien und gleich am ersten Tag eckte ich an, weil ich mich weigerte, die Stiefel und Koppeln der Unteroffiziere zu putzen. Da haben sie mich schikaniert – Liegestütze, durch den Schlamm robben, Strafwachen. Ich habe mich aber weiter gesperrt – ich war nicht mehr der artige Junge.

Es gab noch mehr Schikane und ich wurde noch bockiger. Ich hätte es leichter haben können, aber ich wollte mich nicht einfügen, es ging einfach nicht. Ich wollte kein Laufbursche sein und ich denke, es ging mir schon da um meine Würde.

Nach der Grundausbildung wurden wir an die Kanalküste verlegt, in die Nähe von Dünkirchen, zur »Operation Seelöwe«, der geplanten Invasion Englands. Dafür wurden Hunderte Binnenschiffe umgebaut und mit Ladeklappen versehen. Bei gutem Wetter sollten wir mit Luftunterstützung übersetzen.

Wir lagen auf diesen Schiffen geschützt unter Bäumen, der englischen Jagdbomber wegen. Einmal liefen wir mit rund hundert Schiffen zum Manöver aus, um auf unserer Kanalseite die Landung zu proben. Plötzlich kamen englische »Spitfire«-Jagdflieger und feuerten auf uns. Es gab viele Tote – auch auf unserem Boot. Die Munition durchdrang sogar Schiffswände.

So vergingen Wochen mit Exerzieren und Manövern und Toten. Als Hitler dann am 22. Juni die Sowjetunion angriff, war vollends klar: Das mit der Invasion Englands klappt nicht. Also wurden wir abgezogen und verteilt. Einige von uns landeten bei der Hafenkompanie Bordeaux. Dafür hat man die genommen, die man nicht mehr brauchen konnte, die größten Pfeifen – darunter ich.

Die Hafenkompanie, so um die 250 Mann, war ein ziemlich wüster, unmilitärischer Haufen, fast alle hatten schon mal in Arrest gesessen.

Wir hatten ein gutes Leben in der Etappe und Bordeaux ist eine sehr schöne Stadt. Da die Westalliierten die Atlantikhäfen blockierten, mussten wir nur das französische Beutegut bewachen: Lebensmittel, Rohöl, Waffen, Teppiche, Kunst, Möbel. Und ab und an Franzosen kontrollieren.

Viel war nicht zu tun. Wir wohnten und schliefen auf einem großen französischen Passagierschiff und Rotwein gab es mehr als genug. Die Kriegshölle war woanders.

Am Hafen arbeiteten auch Franzosen, mit denen wir uns gut verstanden – Wachleute, Feuerwehrmänner, Dockarbeiter. Manche konnten Deutsch – dass unter ihnen Widerstandskämpfer waren, habe ich erst später begriffen.

In der Hafenkompanie lernte ich Kurt Oldenburg kennen, den ich sofort mochte. Wir sind viel gemeinsam herumgezogen, flanierten am Hafen, saßen in den Cafés und schauten den Mädchen hinterher – wir waren ja beide erst 19.

In den Monaten in Bordeaux habe ich viel Feldpost an meinen Vater und meine Schwester geschrieben – mit der hatte ich eine Abmachung: Ihren Antwortbriefen legte sie immer meine alten bei, von ihr korrigiert. Ich wollte ja was lernen.

Bis Anfang 1942 gab es nur Siegesmeldungen – Kurt und ich sahen im Soldatenkino Bordeaux die Bilder in der Wochenschau: von riesigen Schlachten, nach denen Hunderttausende sowjetische Gefangene auf freiem Feld eingekesselt waren. Ende November 1941 stand die Wehrmacht vor Moskau – durchs Fernrohr konnte man die Türme des Kreml sehen! In nur fünf Monaten war die Wehrmacht durchmarschiert. Auch unsere französischen Hafenfreunde waren nun sicher, dass Hitler gewinnen würde. Selbst wenn das keiner wollte.

Aber dann kam dieser extrem kalte Winter an der Ostfront, mit minus 35 Grad – da erfroren viele deutsche Soldaten, deshalb liefen in der Heimat Kleidersammlungen, aber eben nur für unsere Soldaten.

Da haben Kurt und ich uns gefragt: Was ist denn mit den russischen Gefangenen, die jetzt mit leichten Klamotten auf freiem Feld zu Millionen ausharren? Die müssen ja alle erfrieren und verhungern!

So war es dann auch. Heute weiß man: Von den fünf Millionen russischen Kriegsgefangenen sind 3,3 Millionen verhungert und erfroren. Und mehr als doppelt so viele russische Zivilisten. Das geschah mit Absicht, genau so stand es ja auch im »Hungerplan« der Wehrmacht.

In uns reifte der Entschluss: Diesen Krieg, diese Verbrechen wollen wir nicht mitmachen.

Wir wollen keine Leute umbringen.

Wir wollen ganz einfach leben.

Wir werden abhauen. Wir wollen frei sein.

Kapitel 3

1986

Oktober – eine Herbstnacht in Bad Godesberg. Nach einer Demonstration gegen die Apartheid in Südafrika wandere ich noch durch die Straßen. Ich trage meine dicken Filzstifte bei mir, mit denen ich auf öffentliche Wände schreibe: BRD RAUS AUS DER NATO!

Aber heute treibt mich noch etwas anderes um. Vor Tagen hat Kanzler Kohl wörtlich ins Mikrofon eines Reporters gesagt: »Gorbatschow ist ein moderner kommunistischer Führer ... der versteht etwas von PR. Der Goebbels verstand auch etwas von PR. Man muss doch die Dinge auf den Punkt bringen!« Die Medien verkürzen das auf: »Gorbatschow ist ein guter Propagandist – Goebbels war ein guter Propagandist.« Was für eine Frechheit, dieser Vergleich, nur weil Helmut Kohl dem Wandel in der Sowjetunion misstraut. Oder er ihm nicht ins Weltbild passt. Vor allem aber, wie kann er das sagen, bei unserer Geschichte; wo wir doch angegriffen haben! 27 Millionen russische Tote und dann solche Sprüche. An der Toreinfahrt zum Rathaus schaue ich mich kurz um, hole meine Stifte heraus – und schreibe: HITLER WAR KANZLER, KOHL IST KANZLER. Damit jeder merkt, wie bösartig oder dämlich ein solcher Vergleich ist.

Ich fühle mich unbeobachtet, werde aber wenig später von einer Polizeistreife verhaftet. Großes Kopfschütteln – ein 64-jähriger »Täter«, was soll das? Anzeige wegen Sachbeschädigung. Später bekomme ich aber nur ein geringes Bußgeld. Wohl weil die Stadtoberen ahnen, dass dieser Prozess lästige Öffentlichkeit bringen würde. Von mir aus hätte ich dann gern über mein Motiv gesprochen.

Haltung haben und zeigen, nicht alles hinnehmen und auch lästig sein: Das ist für mich erste Bürgerpflicht.

Seine Lippe ist abgeplatzt, was ihm einen besonders leidenden, verzweifelten Ausdruck gibt: »Dem unbekannten Deserteur«. Steht da, auf der Plakette. Und klein, darunter: »Reservisten verweigern sich. 1986.«

Aus dem 1,20 Meter hohen Betonquader ragt ein Kopf mit Stahlhelm – die Augen geschlossen. Den unbekannten Deserteur sehe ich erstmals an Ostern 1986. Michail Gorbatschow, Russlands neuer starker Mann, hat erneut Abrüstung angeboten – und der Westen erneut abgewunken. Demonstrationen in den deutschen Städten, vorm Bremer Rathaus verbrennen Bundeswehrreservisten ihre Wehrpässe, und: Sie haben diese selbstgeschaffene Skulptur dabei – zum ersten Mal sehe ich ein Denkmal für uns. Ein feines Ding.

In Deutschland gibt es mehr als 100 000 Kriegerdenkmäler. Und nicht eines für Deserteure. Es ist schwer zu beschreiben, was ich fühle.

Den ersten Vorstoß dazu hatte ein Kasseler Grüner gewagt, im Herbst 1981, und im Stadtrat gefragt: »Wie kann man die Widerstandskämpfer – zum Beispiel die Männer des 20. Juli – ehren und gleichzeitig die vereinzelten kleinen Leute, die keine andere Möglichkeit als eine Art von passivem Widerstand, das Weglaufen, Sich-Entziehen hatten, weiterhin als ehrlose Verbrecher verachten?« Laut Lokalzeitungen gab es Tumulte, als es im Dezember dann zur Abstimmung über eine Gedenkplatte kam. Darauf sollte stehen: »Wir schließen alle Soldaten unserer Heimat, die sich nicht mehr am Krieg beteiligen wollten und deshalb von den Nationalsozialisten zum Tode verurteilt wurden, in unsere Trauer mit ein. Auch sie sind es wert, nicht vergessen zu werden.« Keine Mehrheit, abgelehnt – 1981 war die Zeit dafür noch nicht reif.

Und nun – fünf Jahre später – dieser erste steinerne Deserteur, der keinen Weltkriegs-Stahlhelm trägt, sondern einen belgischen NATO-Helm. Denn es geht ja auch um den Frieden heute. Was Politiker und Bürger aber nur noch mehr erzürnt, denn ein Gegenwartsbezug habe hier gar nichts verloren. Und so kommt es vorm Bremer Rathaus zum Gerangel mit alten Kameraden. Die Skulptur stürzt um – daher die abgeplatzte Lippe – und erhält schließlich bei mir ums Eck Asyl, im Bürgerhaus Vegesack. Daraufhin wird den Soldaten einer nahen Bundeswehrbrigade verboten, es zu betreten.

Wenig später sagt Bremens Bürgermeister Klaus Wedemeier im Radio: »Immer, wenn ich beim Verteidigungsminister Wörner auf der Hardthöhe bin, höre ich mir an, das Deserteurs-Denkmal muss weg, sonst bekommt Bremen keine Rüstungsaufträge mehr.«

Dieser Satz und das kleine Denkmal geben mir den letzten Anstoß, mich um meine eigene Geschichte zu kümmern. Seltsam – ich war schon lange in der Friedensbewegung, aber mit meinem Schicksal hatte ich mich kaum beschäftigt. Nun wird mir vollends klar: Rüstung hat auch heute mit Krieg zu tun, mit Macht und Ohnmacht. Mit Interessen und dem Bewahren von Ungleichheit. Und wer der Staatsräson in die Quere kommt, wird noch immer geächtet und gestraft. Dieses Jahr 1986 bringt mich dazu, mein Leben wieder in die Hand zu nehmen und zu kämpfen: für die Rehabilitierung der Deserteure und die Aufhebung unserer Urteile.

Aus dem Bundesarchiv in Aachen fordere ich meine Marineakten an. Sie werden ins Staatsarchiv Bremen geschickt, was eine Weile dauert und mir schlaflose Nächte bereitet – was wird da drinstehen?

Und dann halte ich alles in Händen, meine erstaunlich dicke Akte: meine Beurteilungen, meine Verhörprotokolle und – ich schreie auf – mein Todesurteil.

Mein Todesurteil vom 30. Juni 1942.

Ich bin so durcheinander, dass ich nicht weiterlesen kann. Ich darf mir aber vieles kopieren, und schaue es mir in den Folgewochen zu Hause an, stückweise. Langsam wird mir klar, wie viel ich vergessen und verdrängt habe.

1942

Kurt und ich kannten diesen Soldatenspruch: »Wer den Tod in Ehren fürchtet, stirbt in Schande.« Aber er hatte nichts mit uns zu tun. Und wir würden auch nicht erwischt werden. Uns war klar, das klappt. Wir waren beide 20 und hatten wochenlang immer wieder darüber gesprochen – wie das laufen sollte, mit der Fahnenflucht.

Als wir unseren französischen Hafenfreunden davon erzählten, waren sie begeistert. Erst später wurde mir klar, wie sehr der Résistance daran gelegen war, dass Wehrmachtssoldaten desertierten. Aber wir sahen das damals nicht als großartigen Akt des Widerstandes – wir wollten einfach niemanden töten, wir wollten leben, wir wollten frei sein.

Unsere Helfer haben uns Adressen aus dem unbesetzten Teil Frankreichs gegeben, in dem die Vichy-Regierung von Hitlers Gnaden saß. Im Sommer 1942 war das »freie Frankreich« noch nicht so abhängig und von Spitzeln durchtränkt wie später. Die schwach bewachte, innere Grenze verlief gerade mal 50 Kilometer vom Hafen. Wären wir erst einmal auf der anderen Seite, wollten wir mit der Hilfe von Mittelsmännern via Toulouse übers Mittelmeer nach Marokko übersetzen, das ja zum Teil französische Kolonie war. Und von dort aus nach Amerika.

Immer wenn ich als Jugendlicher in Hamburg an der hell erleuchteten Esplanade stand, hatte ich von New York geträumt. Amerika! Dort würden junge Wehrmachtsdeserteure, die Hitlers Krieg nicht mitmachen wollten, sicher gut aufgenommen. Das war der Plan.

Am 3. Juni 1942 schlichen wir kurz vor Mitternacht aus unseren Kojen, schlugen eine Scheibe der Waffenkammer ein und nahmen uns zwei Pistolen, zwei Magazine und neun Packen Munition. Das gab uns ein Gefühl der Sicherheit. Unsere französischen Freunde warteten am Kai mit einem kleinen Lastwagen, hatten Zivilkleider und Baskenmützen für uns dabei und fuhren uns die 50 Kilometer bis zu einem Wald kurz vor der innerfranzösischen Grenze. Dort versteckten wir uns im Unterholz, es regnete und die Sicht war schlecht.

Im Morgengrauen liefen wir los und – nach wenigen Hundert Metern – auf einem Feldweg in die Arme einer deutschen Zollstreife. Ein grausig-dummer Zufall, lange Abschnitte der Grenze waren ja unbewacht. Wir waren völlig überrascht, wollten zurückweichen, aber da riefen sie schon und machten Zeichen: »Herkommen!«

Es waren nur zwei Mann. Sie hielten uns, so wie wir gekleidet waren, für Franzosen – wir reagierten nicht auf ihre deutschen Fragen und sie wiederum konnten kein Französisch. Sie dachten wohl, wir seien kleine Schmuggler und nahmen uns mit.

Und weil sie uns unbewaffnet glaubten, gingen sie schräg vor uns, mit umgehängtem Gewehr. Wir trugen entsicherte Pistolen in der Tasche, wir hätten sie erschießen können.

Aber wir haben es nicht fertiggebracht – ich möchte das nicht glorifizieren –, wir konnten es einfach nicht.

Auf der Wache der Feldpolizei kam dann alles heraus. Aber sie haben uns beruhigt – unter 24 Stunden sei es keine Fahnenflucht, sondern nur unerlaubtes Entfernen von der Truppe. Dafür gäb's Gefängnis – nicht mehr.

Das war ein Irrtum, wie sich dann in Bordeaux herausstellte.

Wir wurden angebrüllt, dass wir der letzte Dreck wären, Schweine, Verräter, Feiglinge. Und die Männer vom Sicherheitsdienst wollten wissen, wer uns geholfen habe – die wussten, dass wir ohne fremde Hilfe niemals binnen zwei, drei Stunden zur Grenze gelangt sein konnten. Und wer uns die Kleider gegeben habe?

Es hagelte Schläge, das Blut tropfte mir vom Kopf – aber ich habe niemanden verraten, obwohl sie mich immer wieder hinausgezerrt haben, zum Verhör. Sie haben uns gefoltert.

Am 30. Juni war unser Prozess – er hat gerade mal 40 Minuten gedauert. Dann verlas Marinekriegsgerichtsrat Dr. Carl Lüder das Urteil:

»Die Angeklagten Baumann und Oldenburg werden wegen schweren Diebstahls und Fahnenflucht im Felde zum Tode verurteilt (...). Die Flucht von der Fahne ist und bleibt das schimpflichste Verbrechen, das der deutsche Soldat begehen kann.«

Ich war wie zerschlagen.

Dieser Satz hallt durch mein ganzes Leben.

Die eigenen Leute von der Hafenkompanie brachten uns zurück. In die Todeszelle.

***

Am Tag, als die Alliierten in der Normandie landeten, lief der Schriftsteller Alfred Andersch nördlich von Rom zu den Amerikanern über. 1952 schrieb er darüber in seinem Buch »Die Kirschen der Freiheit«. Andersch hatte sich als einer der ersten Deserteure aus der Deckung getraut und war übel beschimpft worden.

Heinrich Böll pries das Werk als »Trompetenstoß in schwüler Stille, eine Wohltat für jeden, der nach 1933 das Denken nicht vergaß. – Wo sind die Eltern, sind die Freunde, die Brüder und Schwestern dieser erschossenen Deserteure, deren Leichen man auf die Schwelle des Friedens häufte? (...)

Haben sie Angst vor den gründlich ihnen eingeimpften Phrasen, die Fahneneid, Vaterland und Kameradschaft heißen?«

Ich habe »Die Kirschen der Freiheit« damals gar nicht wahrgenommen und erst 40 Jahre später gelesen. Darin steht der schöne Satz: »Mein ganz kleiner privater 20. Juli fand bereits am 6. Juni 1944 statt – ich hatte beschlossen, davonzulaufen.

Die meisten Desertionen geschahen nicht aus der Furcht vor dem Tode, sondern aus dem Willen zu leben.«

Aus der Personalakte des Mannes, der mein Todesurteil gesprochen hat – Marinerichter Dr. Carl Lüder

Geboren am 20. Juli 1897 in Leipzig. Sohn eines Kohlenhändlers.

War im Ersten Weltkrieg Grenadier, studierte Rechts- und Staatswissenschaften und ließ sich 1924 in Leipzig als Anwalt nieder. Mitglied der NSDAP seit Februar 1932. Zuletzt stellvertretender Ortsgruppenleiter. Bei Ausbruch des Zweiten Weltkrieges auf eigenen Wunsch Hilfskriegsrichter bei der Marine. 1941 Marinekriegsgerichtsrat. 1943 Marine-Oberstabsrichter an der Norwegischen Westküste.

Einsatzorte: Wilhelmshaven, Calais, Memel, Kristiansand.

Nach der Kapitulation kurze Zeit bei einem Minenräumkommando in Hamburg, dann bis Herbst 1948 Gartenarbeiter und nach zweimaliger U-Haft lange arbeitslos.

Spricht Französisch, Englisch, Schwedisch, Italienisch.

Fällte sein letztes Todesurteil gegen den Matrosen Nowack – der hatte am 5. April 1945 im Suff gegen Hitler gewütet und gerufen, man könne ihn ruhig ein paar Jahre einsperren, »es sind sowieso nur noch ein paar Tage, dann werdet ihr dastehen mit weichen Knien. In Norwegen gibt es Widerstandskämpfer genug – die werden mich tausendfach rächen.«

Nowack und sein Verteidiger baten vor Gericht wegen Trunkenheit um Milde. Vergebens. Das Todesurteil wurde gesprochen und vollzogen am 4. Mai 1945, dem Tag der Teilkapitulation gegenüber England.

Die Hinrichtung des Matrosen führte 1951 zu einer Anklage gegen Dr. Lüder wegen »Verbrechens gegen die Menschlichkeit«. Freispruch im April 1953 – Begründung: Dr. Lüder »war bestrebt, in einem ordnungsgemäßen Verfahren das sachliche Recht zu verwirklichen.«

Kapitel 4

1987

Post vom 7. Juli – Absender: Deutsche Bundesbahn, Direktion Hannover

Sehr geehrter Herr Baumann,

Ihr Widerspruchsschreiben gegen das Ihnen am 1. Juli erteilte Bahnhofsverbot haben wir erhalten.

Um die Angelegenheit sachgerecht beurteilen zu können, haben wir die beteiligten Bahnpolizeibeamten und Zeugen zu den Vorfällen am 1. Juli während der Sammeltransporte der Grundwehrdienstpflichtigen im Bremer Hauptbahnhof gehört. Nach diesen Aussagen haben Sie gemeinsam mit anderen Personen auf dem Bahnhofsvorplatz, in der Vorhalle und auf mehreren Bahnsteigen Wehrpflichtige angesprochen und ihnen Ihre Meinung über das Recht der Wehrdienstverweigerung mitgeteilt. Daneben haben Sie die Druckschrift »Informationen für unzufriedene Soldaten« mitgeführt und nachweislich in mindestens einem Falle in der Bahnhofsvorhalle ohne Genehmigung verteilt.

Als Sie auf verschiedenen Bahnsteigen die Rekruten ansprachen, waren diese für die Sammeltransporte bereits geordnet. Durch Ihr Tätigwerden entstand Unruhe unter den Wehrpflichtigen; sie scharten sich um Ihre Person, sodass die begleitenden Transportoffiziere ihre Aufgaben nicht mehr erfüllen konnten.

(...) Um den reibungslosen Ablauf der Sammeltransporte zu sichern, haben die Bahnpolizeibeamten Ihnen und Ihren Begleitern das weitere Tätigwerden untersagt und Sie schließlich des Bahnhofs verwiesen, als Sie den Aufforderungen nicht nachkamen. Im Gegensatz zu Ihren Begleitern kamen Sie wieder zurück und setzten Ihre Gespräche mit den bereits beschriebenen Auswirkungen fort.

Erst als alles Zureden und alle Verweisungen ohne Erfolg blieben, wurde Ihnen ein Bahnhofsverbot erteilt.

Wir bedauern sehr, Ihrem Widerspruch nicht stattgeben zu können.

Ich habe es mir zur Aufgabe gemacht, die jungen Wehrpflichtigen am Bahnhof anzusprechen. Und eine kleine Broschüre zu verteilen – die »Informationen für unzufriedene Soldaten« passen in jede Uniformtasche. Inhalt: Wie man legal oder illegal die Bundeswehr verlassen kann, Gelöbnisverweigerung, Beschwerderechte, vorzeitige Entlassung, eigenmächtiges Verlassen der Bundeswehr, Absetzen nach Berlin. Und: Was tun, wenn Feldjäger diese Broschüre kassieren? Lege Beschwerde ein und verlange eine Quittung!

Immer am Quartalsersten halte ich meine kleine Ansprache vor den Rekruten am Bahnsteig: »Ich bin ein alter Mann und war im Krieg, bis ich desertierte …« Die 18-Jährigen mit ihren Sporttaschen und Kurzhaarschnitten hören zu, manche neugierig, manche skeptisch, manche auch nur amüsiert. Dafür herrschen mich ihre Väter an: Was ich hier herumstänkere, ihre Söhne täten nur ihre Pflicht.

Eben darum bin ich hier: Um sie zu warnen, ihnen zu sagen, dass von Abrüstung geredet, aber Krieg geübt wird. Ich zitiere den zentralen Satz aus dem gültigen US-Konzept »Air Land Battle«: »Unsere Armeen müssen in einer

Weise bewaffnet und ausgebildet werden, dass sie die Kampfaufträge bewältigen können, die wir ab Mitte der Neunzigerjahre auf dem mitteleuropäischen Gefechtsfeld durchzuführen haben werden.«

An der Stelle kommt es oft zu Unruhe, »Aufhören«-Rufen oder: »Quatsch, das ist kein Kriegsdienst, hier geht's um Verteidigung!« Ich sehe das anders und rufe den Rekruten zu: »Täglich verhungern 100 000 Menschen auf der Erde für unseren Reichtum. Macht und Wohlstand sind ungerecht verteilt. Geraten diese Verhältnisse ins Wanken, sind damals wie heute Soldaten an der Reihe, sie wieder zu sichern. Es gibt aber viele Wege, sich der Bundeswehr zu entziehen. Wenn ihr den Dienst mit eurem Gewissen nicht vereinbaren könnt: verweigert!

Lasst euch nicht missbrauchen! Beruft euch auf das Grundgesetz!«

Darum vor allem geht es mir: Ein Bewusstsein zu wecken, dass es jederzeit eine Alternative gibt zum Dienst an der Waffe. Und dass keiner dieser jungen Männer etwas tun sollte, das er nicht mit seinem Gewissen vereinbaren kann. Selbst wenn einer zur Bundeswehr geht, sollte er sich dort immer fragen: Würde ich diesen Befehl auch im zivilen Leben befolgen können? Niemals sollte man gegen sein Gewissen handeln.

Ab und an kommt dann ein genervter Bahnpolizist und sagt, ich solle endlich den Quatsch lassen. Aber gegen den Krieg zu sein, ist für mich kein Quatsch. Ich rede weiter. Gern wird dann mit einer Anzeige gedroht, wegen Hausfriedensbruch. Aber dann ziehe ich das Urteil des Oberlandesgerichts aus der Jacke, das mir 1988 Recht gab: Solange ich den Reiseverkehr nicht behindere, darf ich meine Meinung auch im Bahnhof laut sagen.

Ja, ich bin lästig. Darum gehe ich auch oft zu Gelöbnisfeiern. Und wenn dann die Kompanie angetreten ist, die Fackeln lodern und die Musik verklingt, halte ich mein Schild beidhändig in die Höhe, auf dem steht: »Über 20 Millionen Tote der von uns überfallenen Sowjetunion mahnen uns zur Versöhnung mit ihrem Land.«

Für solche Aktionen braucht es keinen Mut. Dafür genügt Zivilcourage. Nach allem, was ich durchgemacht habe, braucht es auch keinen besonderen Mut, sich zusammen mit Friedensfreunden aufs Gleis zu setzen, um die Abfahrt der Munitionszüge zumindest zu verzögern. Oder Verweigerern beizustehen, bei der Gewissensprüfung. Die Bremer Grünen hatten mich als Beisitzer geholt – aber ich habe es nicht lang durchgestanden. Diese unsäglichen Fragen. »Ihre Schwester wird vergewaltigt, Sie haben eine Waffe bei sich, was tun Sie?«

Oder: »Nach dem Untergang Ihres Schiffes klammern Sie sich an ein Stück Treibholz. Ein anderer schwimmt heran, aber das Treibholz kann nur einen tragen. Was tun Sie?«

Opfert sich der Antragssteller, ist er unglaubwürdig. Kämpft er um das Stück Holz, ist er wohl doch fähig zur Tötung eines anderen. Da bin ich laut geworden – solche hinterhältigen Konstruktionen, solche unanständigen Fragen, das mache ich nicht mit. Sie haben mich zu den Verfahren bald auch nicht mehr geholt.

1943

In jeder Todeszelle lagen zwei Bücher. Das eine war die Bibel.

Ich bin evangelisch getauft, aber erst in Bordeaux habe ich das Neue Testament gründlich gelesen. Vor allem das Gleichnis vom verlorenen Sohn mochte ich sehr. Jesu Botschaft gefiel mir, besonders die Bergpredigt. Und jene, die zum Glauben gefunden haben, sind leichter gestorben als die anderen. Aber nur so zum Trost habe ich nicht glauben können.

Und dann gab es dort Wehrmachtspfarrer, die beteten mit uns das Vaterunser und schlossen stets mit den Worten: »Und schütze insbesondere unseren geliebten Führer.« Das habe ich mir gemerkt. Der katholische Pfarrer hat das bei uns nicht gemacht, aber in der Mehrheit stützten die Militärgeistlichen das System. Sie waren ja selber Soldaten. Ich bin später aus der Kirche ausgetreten.

Das andere Buch lag ebenfalls in Millionen deutschen Wohnungen, fast zwangsweise bekam man es irgendwann, bei Hochzeiten und zu Geburtstagen, aber kaum einer hat es gelesen: »Mein Kampf«, von Adolf Hitler.

Da stand schon 1926 alles drin: vom Lebensraum im Osten, von den wertlosen Slawen und Juden. Und an einer Stelle sprach er darin direkt zu mir:

> »Es muss der Deserteur wissen, dass seine Desertion gerade das mit sich bringt, was er fliehen will. An der Front kann man sterben, als Deserteur muss man sterben. Nur durch eine solche drakonische Bedrohung jedes Versuches zur Fahnenflucht kann eine abschre-

ckende Wirkung nicht nur für den Einzelnen, sondern auch für die Gesamtheit erzielt werden.«

Wir planten in Bordeaux einen Ausbruchsversuch. Eines Nachts gelang es mir, abgemagert wie ich war, mich durchs enge Loch des Latrinenkübels zu zwängen und drunten in den Katakomben Kontakt aufzunehmen zum Anführer der Spanier. Wir nannten sie »Rotspanier«, denn sie waren vor Franco geflüchtet. Nachdem ein deutscher Soldat umgekommen war, hatte die Wehrmacht bei einem Untergrundtreffen 90 von ihnen als Geiseln verhaftet – darunter auch zehn-, elfjährige Jungen. Auch sie waren blutig geprügelt und trugen eiserne Hand- und Fußfesseln.

Doch unser Ausbruchsplan flog auf und fortan war auch ich in schwere Eisen gekettet, sodass meine Hand- und Fußgelenke bluteten. Etwa drei Wochen später hörte ich Schreie und Wehklagen im Gefängnishof und mittels einer hochgehaltenen Spiegelscherbe sah ich durchs vergitterte Fenster, wie Frauen ihre Männer und Söhne in die Arme nahmen und schrien und sie nicht loslassen wollten. Ich sah Wehrmachtssoldaten, die sie brutal auseinanderrissen.

Sie haben alle 90 Geiseln erschossen, auch die Kinder. An dem Tag bin ich ein politischer Mensch geworden. Von da an habe ich den Krieg und den Faschismus gehasst.

Ich hätte mir gewünscht, ohne Augenbinde zu sterben, um die Sonne und den Himmel zu sehen. Man bekommt die Augen ja nicht verbunden, um geschont zu werden, sondern damit man noch im Tod erniedrigt wird und den schießenden Soldaten nicht in die Augen sehen kann.

Monate lag ich in der Todeszelle, Tag und Nacht an Händen und Füßen gefesselt und jeden Morgen, wenn ich die Schritte der Wachen hörte, dachte ich: »Jetzt ist es soweit. Jetzt holen sie mich.«

Es war so ein Grauen. Es wurde einem ja nie vorher mitgeteilt. Man hörte morgens nur das Gebrüll: »TÜR AUF – TODESURTEIL!«

Waren sie an meiner Zelle vorbei, war ich wieder einen Tag gerettet. Manche Kameraden gingen stumm mit, andere haben sich gewehrt und geschrien und wurden fortgeschleift, zum Schießplatz. Ich habe die Bilder noch im Kopf, das Geräusch der Ketten noch im Ohr. Ich habe damals nie richtig schlafen können, es verfolgt mich bis heute.

Ich verlor jedes Gefühl für die Zeit, war wie taub. Später glaubte ich lange, ich hätte dreieinhalb Monate in der Zelle gesessen. Tatsächlich waren es zehn Monate. 300 Tage. Und 300 Nächte. Es hat mein Leben zerstört.

1988

Westberlin, im September. Ich habe jetzt viel Zeit, seit bald zwei Jahren bin ich Rentner – und an diesem Tag mit zwei anderen Aktivisten im Auto auf dem Transitweg hergekommen, durch die DDR, zum Treffen des Internationalen Währungsfonds. Ein Hauch von ’68 weht durch die Universität. Im Foyer hängt ein Transparent von Che Guevara, Fidel Castro hat eine Grußadresse geschickt und im Audimax wird Rudi Dutschke zitiert: »Jede radikale Opposition gegen das bestehende System muss notwendigerweise global sein.« Jemand hat auf einer Tafel ausgerechnet, dass die lateinamerikanischen Auslandsschulden – 420 Milliarden Dollar – in Ein-Dollar-Scheinen 180-mal die Entfernung zwischen Mond und Erde ergäben.

Unser Protest richtet sich gegen den Kapitalismus und seine lebensvernichtenden Folgen. Wir fordern nicht nur einen Schuldenerlass, sondern darüber hinaus eine Wiedergutmachung für die jahrhundertelange Ausbeutung. Wir sind 80 000 – Linke, Pazifisten, Christen – und ziehen über den Kurfürstendamm zum ICC, dem Kongresszentrum. Über uns dröhnen Hubschrauber, vor uns sichern Polizeiketten die Hotels der Banker. Meine Gruppe bespielt den Breitscheidplatz – wir haben dort ein Protesttheater angemeldet. Kurze Sketche, Reden und zum Schluss ein »Tanz ums goldene Kalb«. Aber nun rollen Mannschaftswagen der Polizei heran – das Ganze werde abgesagt, um die Mittagsruhe der Banker nicht zu stören. Wir zeigen unsere Genehmigung, verweisen auf den Lärm der Straße, der Hubschrauber über uns. Vergebens. Wir spielen einfach weiter und lassen uns nicht abdrängen, es kommt zum Handgemenge, neben mir wird eine ältere Frau von gepanzerten Polizisten weggezogen. Ich gehe dazwischen – packe zu, werde gepackt. Aber ich habe keine Angst mehr.

Auch nicht, als mich später in Mittenwald alte Gebirgsjäger schlagen.

Oder bei der Blockade einer Kaserne berittene Polizisten drohend ihre Pferde steigen lassen.

Ich bleibe stehen, mische mich ein. Und sage laut, was ich denke. Ich lasse mich nicht mehr wegstoßen.

1989

Im September sind wir mit Hanne Hiob, der Tochter Bertolt Brechts, und unserem Deserteurs-Theater auf Deutschlandtour. Vier Wehrmachtsdeserteure, darunter der Schriftsteller Gerhard Zwerenz, und zwei junge Totalverweigerer, die wir bei Auftritten im Westen zeitweise verstecken müssen, weil sie ja gesucht werden.

Begonnen hatte die Tournee in Bonn, wo wir am 1. September ein großes Deserteurs-Denkmal aus Marmor auf einem Tieflader dabeihatten – am Friedensplatz, vormals Adolf-Hitler-Platz. Zum 50. Jahrestag des Kriegsbeginns.

Aber noch am selben Abend musste das Denkmal weiterrollen, das hatte der Stadtrat so entschieden, denn Bonn sei kein Ort zur »Verherrlichung der Fahnenflucht«. Bonn gebe sich nicht her für »die pauschale Diffamierung aller Soldaten«.

Die Theologin Dorothee Sölle sprach vor dem Denkmal sehr gute, eindrückliche Worte, die aber viele ältere Männer gar nicht hörten, weil sie lautstark auf uns schimpften: »Haben nur unsere Pflicht getan ... Vaterland verteidigt ... ihr Drückeberger, Verräter ... Feiglinge ... Kameradenschweine.«

Auch 50 Jahre nach Kriegsbeginn empfinden sie uns Deserteure als eine Anklage gegen die gesamte männliche Kriegsgeneration.

Das kleine Theaterstück, in dem sechs echte Fahnenflüchtige mitspielen – vier alte und zwei junge –, erzählt, wie ein Soldat im Krieg nach Hause kommt und von seinen Eltern versteckt wird. Fast alle Desertionen geschahen ja nicht an der Front, sondern auf Heimaturlaub, in ruhigeren Zeiten und Regionen. Dann wird der Soldat verraten und die Sache fliegt auf. Am Ende wird ein Erschießungskommando rekrutiert und es kommt zur inszenierten Hinrichtung des Deserteurs.

Anschließend freie Diskussion. Dabei gerate ich in der Bonner Brotfabrik mit Hanne Hiob aneinander. Sie sagt, ein Wehrmachtsdeserteur habe richtig gehandelt – ein Deserteur der Roten Armee jedoch sei zu verachten und habe den Tod verdient. Ich sehe das anders, weil ich grundsätzlich gegen die Todesstrafe bin.

Später sind wir mit unserem Deserteurs-Theater in Hamburg, München und in vielen anderen Städten. Ausgerechnet am 9. November spielen wir in Hanne Hiobs »Berliner Ensemble« im Osten der Stadt. Kurz zuvor hatte Erich Honecker versprochen, »es wird nicht mehr geschossen – außer in Notwehr oder auf Deserteure«. Den Satz habe ich mir gemerkt. An dem Abend überschlagen sich die Ereignisse und aus der Pause kommen nur wenige Zuschauer zurück. Die meisten strömen zur geöffneten Mauer, andere gehen eilig heim, aus Angst vor einer blutigen Niederschlagung des Ganzen.

Anderntags – am 10. November – sitze ich mit Gerhard Zwerenz in einem Café am Ostberliner Alexanderplatz.

Zwerenz war im Zweiten Weltkrieg bei Warschau zur Roten Armee desertiert, dennoch vier Jahre in russischer Gefangenschaft gewesen und nach dem Krieg Volkspolizist und SED-Mitglied geworden. Er studierte dann Philosophie bei Ernst Bloch in Leipzig und war eine Weile Schriftsteller – aber nur kurz, seine Meinungen führten zum Parteiausschluss und er sah sich 1957 gezwungen, nach Westberlin zu fliehen.

Da sitzen wir beide also nun am Alexanderplatz und ich träume von einem Ostdeutschland, das weder zum Warschauer Pakt noch zur NATO gehört. Träume von einem dritten Weg zwischen Kapitalismus und Kommunismus. Darauf meint Gerhard: »Ludwig, du irrst dich, die Westkonzerne werden die ohnmächtige DDR einfach schlucken, um ihre Märkte zu erweitern.« Und so kam es auch.

Damals schrieb ich ein Flugblatt und verteile es mit Friedensfreunden vor Bremer Bundeswehrkasernen:

> SOLDATEN!
> Eure Kameraden in der DDR kontrollieren inzwischen ihre Offiziere und verweigern deren Befehle. Manche zerstören ihre Waffen, weil sie erkennen, dass Waffen immer zum Töten da sind, und viele gehen einfach nach Hause. Ist das nicht ein guter Beitrag zum Frieden?
> Solltet Ihr nicht das alles auch tun? Wäre das nicht ein einmaliger gesamtdeutscher Beitrag zum Frieden?
> Immer wurde Euch von Euren Offizieren gesagt, Ihr seid bei der Bundeswehr, um uns vor dem möglichen Angreifer aus dem Osten zu schützen. Nun bricht der ganze Osten zusammen und der Feind ist weit und breit nicht auszumachen ... Soldaten, lasst Euch nicht mehr belügen und für eine verbrecherische Politik missbrauchen.
> SCHMEISST EURE WAFFEN FORT UND GEHT NACH HAUSE. FÜR FRIEDEN, GERECHTIGKEIT UND BEWAHRUNG UNSERER ERDE!«

In diesen Novembertagen hielt ich alles für möglich.

Und ich glaube bis heute an eine Welt ohne Waffen.

Kapitel 5

1943

»Bordeaux – 29. April 1943 – Es erscheint der Matrose Gefreiter Ludwig Baumann, Marine Hafenkompanie Bordeaux und erklärt: Die Gnadenentscheidung vom 20. August 1942 des Oberbefehlshabers der Kriegsmarine ist mir heute bekanntgegeben worden.«

Ich war seit acht Monaten begnadigt! Zu zwölf Jahren Zuchthaus. Begnadigt – und keiner hatte es mir gesagt. Acht Monate hatten sie mich mit Absicht im Todestrakt gelassen.

Darum hatte ich acht Monate keine Post mehr bekommen. Darum lasen meine Schwester und mein Vater aus meinen Briefen, dass ich täglich mit meiner Erschießung rechnete. Zehn Monate dachte mein Vater, wenn Post kam, ich wäre doch noch hingerichtet worden. Das war die Zeit, in der er Magengeschwüre bekam.

Gleich nach meinem Todesurteil hatte er sich an einen Geschäftsfreund gewandt und dieser sich an Großadmiral Raeder – die beiden waren Offizierskameraden aus dem Ersten Weltkrieg. Raeder antwortete, er sei bereit, diesen Baumann und seinen Freund Oldenburg zu begnadigen, und es läge nun an beiden, dem Führer durch Tapferkeit und Mut zu beweisen, dass sie der Begnadigung würdig seien. Kurz: Wir sollten ins Strafbataillon und – falls wir das überlebten – unsere zwölf Jahre Zuchthaus nach Kriegsende absitzen.

Das Schreiben des Oberkommandos der Kriegsmarine endet: »Die Verurteilten sind zur Überprüfung ihrer Eignung für die Bewährungstruppe in das Wehrmachtsgefängnis Torgau einzuweisen. – Berlin, den 20. August 1942«.

Wir waren sieben Wochen nach dem Todesurteil begnadigt worden. Nur ganz wenige hatten dieses Glück bei der Marine. Aber wir hatten es nicht gewusst, und das sprach aus unseren Briefen, sodass mein Vater ans Gericht des Marinebefehlshabers Westfrankreich schrieb:

> Hamburg, den 7. Oktober 1942
>
> Betrifft: Strafsache des Ludwig Baumann
>
> Ich erlaube mir höflichst, mich auf Ihr Schreiben vom 19.9. zu beziehen.
> Da mein Sohn von seiner Begnadigung noch nichts weiß, kommen mir Zweifel, ob diese vielleicht inzwischen rückgängig gemacht worden ist.
> Ich bitte Sie darum recht höflich um Mitteilung, ob die vom Herrn Großadmiral ausgesprochene Begnadigung auf 12 Jahre Zuchthaus noch in Kraft ist oder inzwischen geändert wurde.
> Ich danke Ihnen im Voraus ergebenst
> für Ihre Bemühungen.
>
> Heil Hitler!
> Otto Baumann

Ich habe diesen Brief erst 40 Jahre danach in meiner Akte gefunden. Und wieder und wieder gelesen. Mein Vater hat sich große Sorgen um mich gemacht. Auch wenn er mein

Tun nicht gutgeheißen hat, war ich doch sein einziger Sohn. Er hat mich gemocht. Und ich habe ihm so großen Kummer gebracht.

Aber es war nicht seine Handschrift – er hatte die Zeilen meiner Schwester diktiert. So habe ich spät von ihr erfahren, dass auch mein Vater Legastheniker war.

1989

»21. Januar 1989
– An den Beirat der Bremer Bürgerschaft –
betr. Härtefonds für NS-Opfer

Sehr geehrte Damen und Herren,

als Deserteur des 2. Weltkriegs ist es für mich eine große Hoffnung, dass im Atomzeitalter über Desertion im Krieg neu nachgedacht wird.«

So begann mein erster Brief »in eigener Sache«. Ich war 67 geworden und konnte kaum von meiner Rente leben. Ich legte dar, dass heute so vieles bekannt sei über die Gräuel hinter der Front, dass man die »soldatische Pflicht« mit anderen Augen sehen könne und müsse. Darum gebe es nun ja auch erste Denkmäler für Deserteure, wie im Vegesacker Bürgerhaus oder in Kassel oder bald in Göttingen. Und ich legte ausländische Artikel und Leserbriefe bei, in denen sich die Menschen empörten, dass die SS-Schergen, die uns bewacht und gefoltert hatten, Rente bekämen, wir aber keinen Pfennig.

Nun aber soll es für uns NS-Opfer beim Bremer Härtefonds eine bescheidene Wiedergutmachung geben – und das unbürokratisch. Ich stelle meinen Antrag und werde von der Sachbearbeiterin in einer schwer erträglichen Weise befragt. Dabei gibt sie zu, dass die Materie für sie Neuland sei – sie wisse aber, dass die Marinegerichte nicht so schlimm waren. Und ich sähe ja auch noch ganz gesund aus.

Im August 1992 wird mein Antrag in letzter Instanz abgelehnt – aus vier Gründen: Verurteilungen wegen Fahnenflucht gebe es erstens auch in Rechtsstaaten und sie könnten daher nicht als typisches NS-Unrecht angesehen werden. Zweitens seien Soldaten in Strafbataillonen vom Gesetzgeber ausdrücklich von der Entschädigung ausgenommen worden. Drittens würden nur Opfer entschädigt, die mindestens neun Monate in einem KZ waren. Im KZ Esterwegen war ich sechs Wochen und Torgau galt erst ab September 1944 offiziell als Konzentrationslager. Doch da war ich bereits an der Ostfront und die 15 Monate davor »zählten nicht«. Schließlich und vor allem aber solle das Geld ein »Ausgleich sein für das tatsächlich erlittene Schicksal«. Formaljuristisch maßgebend sei aber in meinem Fall die »tatsächlich vollstreckte Gnadenentscheidung«.

Dass ich acht Monate nichts davon gewusst hatte, spiele keine Rolle. Kurz: Die zehn Monate in der Todeszelle seien »nicht mein tatsächlich erlittenes Unrecht«. Die Ablehnung schließt mit den Worten: »12 Jahre Zuchthaus … erscheinen im Hinblick auf die damaligen Zeit- und Kriegsverhältnisse nicht als übermäßig hart und ungerecht.«

Dieser Bescheid macht mich über Monate krank. Andere sind an solchen Bescheiden zugrunde gegangen – denn ohne Würde kann man nicht leben.

1990

Post vom Dezember 1990 – Absender: anonym

An den Deserteur Ludwig Baumann

Schämen Sie sich gar nicht, als Deserteur in die Öffentlichkeit zu treten? Diese Menschen sind für mich die größten SCHWEINE, die damals an der Front ihre Kameraden im Stich ließen. Ich möchte mich an Ihrer Stelle nicht mehr vor die Tür wagen! Sie aber haben keine Ehre, sondern machen mit Ihrer Feigheit noch Reklame. Und dann besitzen Sie noch die Frechheit, für Ihr feiges Vorgehen noch eine Entschädigung zu fordern. Entschädigung haben die Soldaten, die ihr Leben und ihre Gesundheit eingesetzt haben, verdient. Sie hätten ganz was anderes verdient! Ich kann Ihnen nur raten, lassen Sie sich nicht zu oft in der Öffentlichkeit sehen.

Ein Soldat, der für seine Verwundung und Gefangenschaft keine Entschädigung bekommen hat.

P.S. In Ihrer damaligen Haft waren Sie sicher und trocken aufgehoben. Wir dagegen lagen in Schnee und Eis und hatten den Tod vor Augen!

Monate bevor ich diesen Brief erhielt, im Mai, war ich mit unserem Gründungsaufruf an die Öffentlichkeit gegangen:

»An alle Opfer der NS-Militärjustiz: an Kriegsdienstverweigerer, Deserteure, Militärstrafgefangene, Wehrkraftzersetzer, an die Opfer der Militärpsychiatrie und auch an die Angehörigen dieser Verfolgten.

Wir wollen es nicht länger hinnehmen, dass alle, die dem Hitler-Regime und seinem verbrecherischen, völkermordenden Krieg gedient haben, weiter im Recht sind und wir Opfer weiterhin kein Recht auf Anerkennung und Entschädigung haben. Die Militärrichter, welche uns verurteilten, haben mehr Todes- und Terrorurteile gefällt als der Volksgerichtshof und alle Sondergerichte zusammen, um anschließend in der Bundesrepublik bis in die höchsten Ämter Karriere zu machen.
Damit dieses Unrecht sich nicht damit erledigt, indem die letzten Opfer weggestorben sind, haben wir uns entschlossen, unsere Sache in die eigenen Hände zu nehmen und eine Interessenvertretung der Opfer der NS-Militärjustiz zu gründen. Dazu bitten wir alle Opfer oder ihre Hinterbliebenen, an uns zu schreiben, damit wir uns endlich gemeinsam unsere Wiedergutmachung erkämpfen können. Ganz herzlich bitten wir auch die Frauen, welche den Opfern, zum Beispiel Deserteuren, geholfen haben und dafür oft selber ein schweres Verfolgtenschicksal erlitten, sich an uns zu wenden.

Für die Initiative zur Gründung der
»Interessenvertretung der Opfer der NS-Militärjustiz«
Ludwig Baumann – Bremen –
Deserteur im II. Weltkrieg

Kurz zuvor hatten sich in Bonn Kriegsdienstverweigerer getroffen, darunter waren auch ein paar alte Wehrmachtsdeserteure wie ich. Wir waren ja alle noch vorbestraft und so sagten die jungen Leute: Ihr müsst dagegen angehen, für eure Interessen streiten! Der renommierte Militärhistoriker Manfred Messerschmidt – im Krieg noch Flakhelfer – meinte, er könne uns zwar helfen, aber wenn wir unsere Sache nicht selbst in die Hand nähmen, würden wir es nicht schaffen. Dann haben sie mich ausgeguckt, aber ich sträubte mich, weil ich mich in der Friedens- und Eine-Welt-Bewegung wohlfühlte.

Dann habe ich doch Ja gesagt.

Sehr geholfen hat uns damals Fritz Wüllner, ein ehemaliger Manager, der seinen Beruf aufgegeben hatte, um den Spuren seines ermordeten Bruders zu folgen. Der hatte am Frankreichfeldzug teilgenommen, war in ein Strafbataillon geraten und angeblich auf der Flucht erschossen worden. Wüllner forschte zehn Jahre lang. Er fand zwar nichts über seinen Bruder, aber viel über den Schrecken der Wehrmachtsjustiz: 100 000 Zuchthausstrafen, 100 000, die in Konzentrationslagern und Strafbataillonen starben. Und 30 000 Todesurteile gegen Deserteure.

Es war Wüllner, der uns anregte, alle Überlebenden der Emslandlager anzuschreiben, wo im Krieg viele von uns waren. Und so trafen sich 1990 an einem Oktobertag in Bremen 36 alte Männer – und eine Frau. Viele waren gebrechlich und krank und wurden von ihren Angehörigen gestützt. Unsere Leute sind früher gestorben als die Nazis oder überzeugten Kommunisten – diese lebenslange Erniedrigung raubt Kraft. Die meisten waren kaputt, keiner hatte Karriere gemacht. Keiner war im öffentlichen Dienst, wir waren ja weiterhin vorbestraft, und fast alle von uns waren arm geblieben, keiner hatte so recht Anschluss an die Gesellschaft gefunden. Wir hatten ja auch niemanden, der zu uns stand.

Ich werde diesen Abend nie vergessen – es war ein Freitag. Viele hatten ihr Leben lang nicht über ihr Schicksal gesprochen, nicht einmal in ihrer Familie. Und manche konnten es auch jetzt nicht. Andere haben nur geweint. Wieder andere nur geredet.

Es war ergreifend.

Sonntagmittag hatten wir es geschafft und die »Bundesvereinigung Opfer der NS-Militärjustiz e.V.« gegründet. Um für unsere Rehabilitierung zu kämpfen, die Aufhebung unserer Urteile, für unsere späte Würde.

Aber mehr als 75 Mitglieder hatten wir nie – in den kleineren Städten waren wir noch immer geächtet und in den Anfangsjahren hatten wir niemanden aus Bayern – bis sich dann einer aus Passau meldete.

Luise war damals als einzige Frau da. Ich habe ihre Unterlagen in meinem kleinen Archiv in der Wohnung. Im Krieg war sie Küchenleiterin in einem Militärflughafen gewesen und hatte am Morgen nach dem Attentat auf Hitler beim Gemüseputzen gesagt: »Schade, dass der Anschlag nicht gelungen ist – dann hätten wir wenigstens Frieden. Wäre ich Offizier, ich wäre dabei gewesen.«

Man kann das so in ihren Gerichtsakten nachlesen. Auch, dass sie daraufhin von einer Küchenhilfe gewarnt wurde, sie solle vorsichtig mit ihren Äußerungen sein und an ihren elfjährigen Sohn denken.

»Darauf entgegnete die Angeklagte, sie sei doch nicht feige, und meinte, diejenigen, die das getan hätten, seien auch keine schlechten Menschen und in ihrem Sinne Freiheitskämpfer.«

Luise wurde von mehreren Zeuginnen beim Kompanieführer gemeldet und verhaftet. Nur fünf Tage später – am 26. Juli 1944 – erfolgte das Urteil, nach einer halbstündigen Verhandlung:

»Die Angeklagte wird wegen Zersetzung der Wehrkraft zum Tode verurteilt. ... Die Äußerungen sind zu einer Zeit gefallen, in der das einmütige Bekenntnis zum Führer und der Abscheu über das am Führer begangene Verbrechen so selbstverständlich sind, dass es darüber keine Worte bedarf. Wer in diesem Augenblick nicht nur Zweifel an seiner Gesinnung aufkommen lässt, sondern, wie die Angeklagte es getan hat, sich zu den Verbrechern bekennt, die dem Führer nach dem Leben getrachtet haben, muss ausgemerzt werden. Gez. Dr. Struck – Kriegsgerichtsrat der Luftwaffe.«

Luises Schwester reiste mehrmals nach Berlin, zu Reichsmarschall Göring – und der wandelte ihr Urteil nach zwei Monaten Todeszelle schließlich in zehn Jahre Zuchthaus um. Ende April '45 wurde sie in Lübeck von den Alliierten aus der Haft befreit.

Luise fand es später ungerecht, dass zum Tode verurteilte Frauen von der Gesellschaft weniger wahrgenommen wurden als Männer. Aber sie war nun mal die Einzige, die sich bei uns gemeldet hatte.

1959 hatte sie beim Bremer Landesamt für Wiedergutmachung einen Antrag auf Entschädigung als NS-Opfer gestellt. Der wurde abgelehnt mit der Begründung: »Eine gelegentliche Unmutsäußerung oder aus persönlicher Verärgerung stellt keine Gegnerschaft im Sinne des Gesetzes dar.«

Unsere Rehabilitierung hat sie nicht mehr erlebt, wie fast alle von uns.

***

Die 3000 NS-Militärrichter hatten in vielen Fällen von Wehrkraftzersetzung und Fahnenflucht die Wahl zwischen langjährigem Zuchthaus und Todesstrafe, entschieden sich aber meist für das Todesurteil. Allen voran die Marinerichter – und in zahllosen Urteilen steht der Hinweis: »Der Erste Weltkrieg ist 1918 verloren worden, weil Tausende von Drückebergern sich hinten herumtrieben, statt sich zur kämpfenden Truppe zu begeben, wie ihre Pflicht es ihnen geboten hätte. Derartige Zustände dürfen in diesem Krieg nicht wiederkehren.«

Auf Großadmiral Raeder folgte im Januar 1943 Großadmiral Dönitz und der verfügte am 27. April, also zwei Tage vor meiner Entlassung aus der Todeszelle:

> »Fahnenflucht ist eins der schimpflichsten soldatischen Verbrechen, ein Treubruch gegenüber dem Führer, den Kameraden und der Heimat.
> Wer die Fahne verlässt, schwächt die deutsche Kampfkraft und unterstützt den Feind. Fahnenflucht trägt den Keim zu weiteren Straftaten notwendig in sich. Auf ehrliche Weise kann ein Fahnenflüchtiger seinen Lebensunterhalt nicht beschaffen.
> Jeder Einzelne muss genau wissen: Fahnenflucht kostet den Kopf.
> Ich erwarte, dass die Kriegsgerichte das Versagen solcher treulosen Schwächlinge allein an der bis zum Tode getreuen Einsatzbereitschaft aller anständigen Soldaten messen. Ich selbst werde jeden Gnadenerweis für einen Fahnenflüchtigen ablehnen.«

In den Streitkräften der Briten und Amerikaner wurde ein Soldat wegen Fahnenflucht exekutiert. Deutsche NS-Militärrichter ließen 23 000 Deserteure hinrichten.

***

In all den Jahren bin ich ihm nie begegnet, aber er war um uns und kostete Tausende von uns das Leben: Professor Erich Schwinge.

Im Alter von 33 Jahren schrieb er 1936 den Kommentar zum Militärstrafgesetzbuch und verschärfte ihn wie nie zuvor. Ganz oben standen die Begriffe »Manneszucht« und »soldatischer Gehorsam«. Schwinge empfahl den 3000 NS-Militärrichtern, im Kriege rasch zum Äußersten zu greifen. Und sie taten es bereitwillig: also Todesstrafe für den 19-jährigen Matrosen, den das Heimweh nach Hause trieb – für den Marineangestellten, der verraten wurde, sich ins Ausland absetzen zu wollen – für den Sanitätsgefreiten, der laut am Endsieg zweifelte und keine Hakenkreuzfahne im Zimmer dulden wollte.

Aus dem Protokoll über die Erschießung des Deserteurs Habermehl:

> »Der Verurteilte stand um 18 Uhr 21 auf dem Richtplatz. Er wurde an den Richtpfahl gebunden. Die Augen wurden ihm verbunden.
> Die angetretene Einheit stand auf das Kommando mit Gewehr über still. Der Militärjustizbeamte las dem Verurteilten die Urteilsformel und die Bestätigungsverfügung vor. Er fragte, ob er noch etwas zu erklären habe. Der Verurteilte erklärte nichts. Der Geistliche erhielt letztmalig Gelegenheit zum Zuspruch. Das

> Vollzugskommando von zehn Mann war fünf Schritte vor dem Verurteilten aufgestellt. Das Kommando »Feuer« erfolgte um 18 Uhr 25. Der Verurteilte starb gefasst.
> Der Sanitätsoffizier stellte den Tod um 18 Uhr 27 fest. Die Leiche wurde auf Weisung des Leiters der Vollstreckung weggeschafft.«

Protokoll der Enthauptung eines Deserteurs am 24. Juli 1944:

> »Die Vollstreckungshandlung dauerte: Vom Zeitpunkt der Vorführung bis zur Übergabe an den Scharfrichter eine Minute; von da bis zur vollendeten Vollstreckung fünf Sekunden. Um 13 Uhr 26 Minuten 5 Sekunden war die Vollstreckungshandlung beendet.«

Die getöteten Deserteure durften nur heimlich, ohne Todesanzeige und Trauerfeier beigesetzt werden. Manchmal weigerten sich Behörden auch, die Leichen für eine Bestattung am Heimatort freizugeben. So wurde die Bitte einer Erfurter Mutter mit der Begründung abgelehnt, »dass auch die Soldaten an der Front – jedenfalls solange der Krieg währt – von ihren Angehörigen nicht zurückgeholt und in der Heimat beigesetzt werden können.«

Als Militärrichter fällte Schwinge selbst mindestens acht Todesurteile – zuletzt gegen einen 17-Jährigen, der 1944 beim Bergen von Hausrat aus einer brennenden Wiener Wohnung zwei Uhren und eine Geldbörse eingesteckt hatte. Begnadigt wurde der Jugendliche in letzter Minute ausgerechnet von SS-Reichsführer Heinrich Himmler. Der zeigte sich milder als Schwinge.

Nach dem Krieg wurde Erich Schwinge als Professor nach Marburg gerufen, war dort 20 Jahre Dekan der Juristischen Fakultät, zeitweise auch Rektor und gefragter Gutachter der Verteidigung in Prozessen gegen NS-Täter. In 150 Fällen vertrat er ehemalige Angehörige der Wehrmacht und der Waffen-SS.

Die NS-Militärjustiz beschrieb er 1977 in seinem Buch – das lange als Standardwerk galt – als »antinationalsozialistische Enklave der Rechtsstaatlichkeit«. Auf dieser Grundlage wurden NS-Opferansprüche reihenweise abgewehrt. Bis in die Neunzigerjahre hinein.

Als das Bundessozialgericht im September 1991 erstmals der Witwe eines hingerichteten Deserteurs eine Entschädigung zusprach, schrieb Schwinge im Februar 1993 erbost in der *Neuen Juristischen Wochenschrift*, die oberste Instanz habe mit ihrer Kehrtwendung »Tausende mit einem Stigma versehen und ihr Wirken in den Verdacht verbrecherischen Tuns gerückt«.

Seine Sorge galt dem Ansehen der NS-Militärrichter. Von den 23 000 Hingerichteten war keine Rede.

Noch 1990 lehnte der schwarz-gelbe Bundestag einen Antrag der Grünen auf Entschädigung und Rehabilitierung von Deserteuren mit Verweis auf die Schriften des 87-jährigen Professors Erich Schwinge ab.

Der war 1978 auch Gutachter im Filbinger-Prozess gewesen. Der baden-württembergische Ministerpräsident hatte im Krieg als Marinerichter mindestens vier Todesurteile gesprochen – und im Falle des 22-jährigen fahnenflüchtigen Matrosen Walter Gröger sogar selbst den Schießbefehl gegeben. Schwinge kam aber zu dem Ergebnis, man könne das Hans Filbinger weder rechtlich noch moralisch anlasten. Filbinger sagte dazu im *Spiegel*-Interview den berühmten Satz: »Was damals rechtens war, kann heute nicht Unrecht sein.«

Im Westen wurde keiner der 3000 NS-Militärrichter rechtskräftig verurteilt – auch Adolf Holzwig nicht. Er hatte sogar noch nach der Kapitulation am 8. Mai 1945 Deserteure zum Tode verurteilt und drei Matrosen hinrichten lassen. Das Landgericht Hamburg verurteilte ihn im Sommer 1948 zu zwei Jahren Gefängnis wegen Machtmissbrauch.

Allerdings wurde er dann doch freigesprochen, nachdem der Bundesgerichtshof festgestellt hatte, dass ein Richter sich nur dann strafbar gemacht habe, wenn er »bewusst oder gewollt gegen das Recht« verstoßen habe – also bei »vorsätzlicher Rechtsbeugung«. Hauptgutachter im Holzwig-Verfahren war Professor Erich Schwinge. Er starb im April 1994 – mit 91 Jahren.

Kapitel 6

1991

»Staatsanwaltschaft Bremen – 10. April 1991

Betrifft: Ermittlungsverfahren gegen Sie wegen Hausfriedensbruchs

Sehr geehrter Herr Baumann!

Nach den abgeschlossenen Ermittlungen sind Sie hinreichend verdächtig, sich an der Besetzung von Diensträumen des Senators für Häfen, Schifffahrt und Verkehr beteiligt und die Räume trotz entsprechender Aufforderung nicht verlassen zu haben, wodurch der Tatbestand des Hausfriedensbruchs erfüllt wurde.«

Das war im Januar gewesen, in den Tagen des Ersten Irakkriegs. Mit Friedensfreunden hatten wir den Amtssitz besetzt, aus Protest gegen den massiven Umschlag von US-Rüstungsgütern im Bremer Hafen. Die Stimmung war aufgeheizt, es gab dünne Nerven auf beiden Seiten und im Gerangel drohte ein junger Polizist, uns aus dem Fenster zu werfen.

In der Zeitung hatte Bürgermeister Henning Scherf zuvor gesagt: »Wir müssen hier einen klaren Kopf behalten. Für die Bundesrepublik bedeutet das nicht zuletzt auch Abrüstung, denn das Kriegsmaterial verlässt unser Land für immer. Und hier wird eine Dienstleistung erbracht, an der wir im Land Bremen alle hängen.« Es sei auch wenig sinnvoll, die Rüstungsverladung zu boykottieren. »Dann findet das eben woanders statt.«

Empörend. Und schludrig gedacht. Und typisch für diesen langen, schlaksigen Politiker, der auch unsere Friedensfrauen von der Mahnwache gern mal in den Arm nimmt, obwohl die das nicht wollen.

Ich soll nun also 100 Mark zahlen, sonst käme es zu einer Klage. Und das bei einer Rente von 700 Mark plus 65 Mark Sozialhilfe. Ich überweise das Geld, obwohl es mir schwerfällt.

Zum einen, weil ich vom Sozialamt lebe, und dann, weil ich aus Gewissensgründen nicht anders handeln konnte. Henning Scherfs Äußerungen erscheinen mir ungeheuerlich – die Rüstungsindustrie kann doch nur so lange liefern und produzieren, solange ihre »Güter« auch verladen werden.

Wir wissen heute genau, dass »Rüstungsgüter« im Krieg zur Massenvernichtung von Menschen führen. Und in diesem Zusammenhang ruft das Wort »Dienstleistung« bei mir die schlimmsten Erinnerungen wach. Wir können – wenn überhaupt – anscheinend immer nur in der Vergangenheit unsere eigenen Verbrechen erkennen.

Ich finde es erstaunlich, wie wenig Menschen für ihre Haltung eintreten oder sich gegen den Strom stellen. Und wie viele alles mitmachen oder über sich ergehen lassen. Was hat man schon zu befürchten? Allenfalls heftige Wortwechsel oder eine Anzeige wegen Hausfriedensbruch. Na und? Ist es nicht geradezu Bürgerpflicht, ab und an aktiv zu werden, und sei es nur, indem man einen klaren Leserbrief schreibt? Als Widerwort zur Herrschaftsmeinung?

Nur Tage, nachdem ich meine 100 Mark überwiesen habe, fordert Bremens Finanzsenator Volker Kröning ein »Tribunal über die DDR-Täter«. Und ich »antworte« in der *taz:*

»Die Verantwortlichen der DDR waren mir stets ein Graus, aber wie können wir glaubhaft ihre Bestrafung fordern, solange zum Beispiel keiner der NS-Blutrichter, welche uns Deserteure verurteilten, je vor ein Gericht kommt? Sie können heute noch für ihre Mordtaten belangt werden. Und wurden Erste Staatsanwälte, Gerichtspräsidenten und Bundesrichter, prägten unsere Nachkriegsrechtssprechung mit und genießen heute hohe Pensionen.
Wollen wir in der Ersten Welt etwa gegen andere Staaten und ihre Repräsentanten wegen ›Verbrechen gegen die Menschlichkeit‹ ein Tribunal einrichten? Wir, die die Welt zu einem Kaufhaus gemacht haben und sie zerstören? Unsere Staaten, welche mit ihrer Weltwirtschaftsordnung die Menschheit in den Hunger treiben, über IWF und Weltbank die armen Länder zwingen, den Brotpreis für die hungernde Bevölkerung zu verdreifachen und den verhungernden Kindern keine Schulspeisung zu geben? Die wir unseren Giftmüll in den armen Ländern abladen, in der EG riesige Mengen Lebensmittel vernichten und mitverantwortlich sind, dass jeden Tag bis zu 100 000 Menschen qualvoll verhungern.
Was werden die Völker der Welt wohl über die ›Erste Welt‹ für ein Tribunal errichten, wenn sie sich einmal erheben können?«

1991 wohne ich viele Wochen in der Evangelischen Studentengemeinde Bonn – mit bald 70 Jahren. Bei mir trage ich eine Liste mit den Namen von 70 Abgeordneten – meist Sozialdemokraten und Grüne –, die Sinn haben für unser Anliegen auf Rehabilitierung. Im Bremer Büro unterstützen mich drei Frauen in Teilzeit, bezahlt von Jan Philipp Reemtsma. Der Multimillionär unterstützt unsere »Bundesvereinigung der Opfer der NS-Militärjustiz« und plant zu der Zeit bereits seine Wehrmachtsausstellung. Ich denke, wir passen gut in sein Förder- und Gedankengebäude.

Im September 1991 bricht dann der erste große Stein aus der Mauer des Widerstands unserer Gegner, herausgelöst vom Bundessozialgericht. Das spricht der Witwe eines Deserteurs das Recht auf Entschädigung zu. Zwar ist die Witwe am Tag der Urteilsverkündung bereits tot – der Prozess hat sechs Jahre gedauert –, dennoch gilt dieses Urteil in seiner Schärfe und Entschiedenheit als Meilenstein. Es bescheinigt der NS-Militärjustiz eine »Perversion des Rechtsdenkens«. Und weiter:

> »Die massenhafte Verhängung von Todesurteilen zielte auf allgemeine Abschreckung und sollte um jeden Preis an Soldaten auch gegenüber sinnlosen Befehlen unbedingten Gehorsam erzwingen …
> Die Wehrmacht und ihre Gerichte sollten dazu beitragen, den völkerrechtswidrigen Krieg zu führen … die Beurteilung der Straftat hat zu berücksichtigen, dass ein Unrechtsstaat einen völkerrechtswidrigen Krieg geführt hat, in dem jeder Widerstand, auch der des einfachen Ungehorsams oder des Verlassens der Truppe mit Todesstrafe geahndet wurde und daher auch rück-

schauend als Widerstand gegen ein Unrechtsregime nicht von der Entschädigung nach BVG ausgeschlossen werden darf.«

Das gibt uns enormen Auftrieb und auch die Gespräche mit Bundestagsabgeordneten sind ermutigend – linke SPDler und vor allem Grünen-Politiker empfangen mich mit großem Wohlwollen.

Ich habe auch Altkanzler Willy Brandt angeschrieben – ich dachte, er könnte unser bester Verbündeter sein. Er hat aber nie geantwortet. Er war bei dem Thema wohl vorsichtig und noch erschüttert von den massiven Anwürfen gegen ihn – aus dem schwedischen Exil heraus hatte er gegen Nazideutschland gearbeitet und Konservative brandmarkten ihn dafür nach dem Krieg immer wieder als »Vaterlandsverräter«. So ist es leider nie zu einer Begegnung mit Willy Brandt gekommen – im Herbst 1992 ist er gestorben.

Die Abgeordneten der PDS stehen gleich hinter uns – aber aus taktischen Gründen setzen wir zunächst auf die anderen Parteien und gehen immer wieder in die Ausschüsse Inneres, Justiz und Verteidigung.

In der Union habe ich anfangs nur drei Ansprechpartner: Norbert Blüm, Rita Süßmuth und Heiner Geißler. Alle drei sind freundlich zu mir und aufgeschlossen, aber chancenlos innerhalb ihrer Fraktion. Kanzler Kohl lehnt unser Anliegen ab und unser schärfster Widersacher ist stets Norbert Geis von der CSU. Für ihn ist die Sache klar: Wir waren Feiglinge und können nicht rehabilitiert werden, weil damit alle 18 Millionen Soldaten der Wehrmacht ins Unrecht gesetzt würden. Und es würde zudem die Moral der Bundeswehr untergraben. Punkt.

Politisch geht es also kaum voran. In der Öffentlichkeit hingegen dreht sich der Wind. 1990 – im Gründungsjahr unserer Bundesvereinigung – lehnten 90 Prozent der dazu Befragten unser Anliegen ab. Fünf Jahre später sind es nur noch 15 Prozent. 36 Prozent sehen Fahnenflucht aus Hitlers Armee als Akt des Widerstandes und zehn Prozent halten uns gar für Helden. Was natürlich auch nicht stimmt.

Ich bin kein Held. Aber auch kein Feigling.

1944

Zehn Monate waren Kurt und ich in der Todeszelle. Und wussten nicht, dass wir bereits nach sieben Wochen begnadigt worden waren. Wussten nicht, dass unsere beiden Väter darum gebeten hatten, uns zu Weihnachten '42 an die Front zu schicken. So wären wir zumindest der Todeszelle entkommen. Aber nun sollte unsere »Eignung für die Bewährungstruppe« im Wehrmachtsgefängnis Torgau geprüft werden.

Am 1. Mai 1943 rumpelte unser Transport los. Mit einem Halt im Emslandlager Esterwegen. Die meisten von uns Deserteuren mussten durch diese Leidensstation. Und viele sind dort begraben. In Esterwegen waren wir täglich bis zu zwölf Stunden im Moor – um Entwässerungsgräben zu ziehen, um Straßen und Wege zu bauen oder Torf zu stechen. Zu Essen gab es kaum etwas. Die Wachen bestanden aus 400 Mann, darunter waren ausgesuchte Sadisten. Aus Verzweiflung liefen Gefangene in die Starkstromzäune, andere ließen sich von der Heidebahn die Füße abfahren, nur um ins Lazarett zu kommen. Einen traf ich, der hatte eine abgebrochene Gabel geschluckt, um nicht mehr ins Moor zu müssen. Er hat so geschrien, der wurde nicht operiert und ist verblutet.

Kurt und ich hatten Glück, dass es nach sechs Wochen weiterging, Richtung Leipzig. Kurz vorm Wehrmachtsgefängnis Torgau machten wir kurze Rast. Da kamen zwei junge Frauen den Weg entlang, auf uns zu. Der Wachtmeister sagte zu ihnen: »Hier, guckt euch mal diese Schweine an, das sind Deserteure, die haben ihr Vaterland verraten.« Da haben uns die Frauen angespuckt. Das hat mich tief getroffen.

Mitte Juni kamen wir ins Wehrmachtsgefängnis Torgau und dort als Erstes in die Kellergewölbe, die Kasematten. Da waren Pritschen für 20 Mann und wir waren hundert.

Fort Zinna war ein trutziger, finsterer Festungsbau aus den Tagen Napoleons. Gleich am ersten Tag, beim Entlausen, fiel einem Arzt auf, dass etwas mit mir nicht stimmte. Er schaute mir in den Hals und verschwand dann eilig. Diphtherie – ich lag wochenlang in Quarantäne. Und meine hundert Mitgefangenen, die sonst nach wenigen Tagen den Keller hätten verlassen dürfen, mussten ebenfalls dortbleiben, damit sich die Krankheit nicht ausbreitet. Es sind dort in diesen nasskalten Wochen auch einige gestorben, was ich unendlich bedauere.

Ich hatte Lähmungen und Gliederschmerzen und konnte auch nach Wochen noch nicht richtig laufen. Monatelang wurde ich nicht mehr gesund, was auch ein gewisses Glück war, denn wir sollten ja geprüft werden, ob wir körperlich und charakterlich geeignet waren für die Front. Und ab Ende 1943 waren das bald alle, weil sie uns als Kanonenfutter brauchten beim Rückzug im Osten.

Die ersten Monate war ich Freigänger auf dem Festungsgelände und führte einen Maurertrupp an. Beim Arbeiten hörten wir die Schreie der Gefolterten und häufig wurden wir gezwungen, bei den Erschießungen im Wallgraben zuzusehen, »zur Abschreckung«, hieß es. Ich versuche, diese Bilder nicht hochkommen zu lassen.

Oft bekamen wir Arbeitsjacken aus der Wäscherei, da war vorne ein kleiner Flecken überm Herzen und hinten ein großer – da wussten wir, darin war jemand erschossen worden. Ein Grauen.

Heute weiß man, es waren mehr als Tausend Erschossene in Torgau. Und über Zehntausend, die Haft und Folter nicht überlebt haben.

Dort, in Torgau, habe ich auch Johann Lukaschitz getroffen, im Lazarett. Die Eisenfesseln hatten sich so tief an Händen und Füßen eingeschnitten, dass ihm das Blut von den Gelenken lief.

Er war so ein freundlicher, sympathischer, friedliebender Mensch. Wir haben viel miteinander geredet und wurden Freunde. Im Februar 1945 haben sie ihn enthauptet – nur weil er andere nicht hatte verraten wollen. Was für ein verbrecherischer Wahnsinn.

Fast 15 Monate war ich in Torgau und einmal haben mich mein Vater und meine Schwester besucht. Sie hat mir Zigaretten mitgebracht und mich kurz in den Arm genommen. Er konnte das nicht. Nähe oder Vertrauen zueinander haben wir nie empfunden. Aber er spürte wohl Verantwortung. Und hat sich bestimmt gefragt: Wie ist das möglich, dass mein Sohn so was gemacht hat?

Von der Landung der Alliierten in der Normandie am 6. Juni 1944 hörten wir auf unseren kleinen, selbstgebastelten Zellenradios. Wir jubelten innerlich, wir hatten so darauf gehofft. Und unsere Bewacher wurden zusehends nervös.

Vom Attentat auf Hitler am 20. Juli erfuhren wir auf andere, bizarre Weise – wir waren gerade zum Manöver draußen, wie immer ohne scharfe Munition. Da gerieten die Offiziere plötzlich in Unruhe und trieben uns mit Schlägen im Laufschritt zurück in die Festung. Dort sickerte die Nachricht durch und uns wurde klar: In Berlin hatte man große Sorge, dass wir den Attentätern um Stauffenberg beispringen könnten. Wir waren in und um Torgau immerhin 40 000 inhaftierte Wehrmachtssoldaten. Und die nächsten Soldaten waren weit weg, an der Front.

Kurt kam mit seinem Strafbataillon ein paar Wochen vor mir an die Ostfront. Bei mir zögerten sie noch, ich war körperlich nicht robust und ich war ein schlechter Schütze.

Dabei war ich vor der Fahnenflucht einer der besten gewesen – aber in der Todeszelle hatte ich mir angewöhnt, meinen Stuhl mittags in den Lichtstrahl der Sonne zu stellen. Und dann blinzelte ich lange in sie hinein und dachte mir: Meine Schwester und mein Vater in Hamburg, die sehen jetzt dieselbe Sonne wie ich. Das hatte etwas Tröstliches.

Später dann, in Torgau, fiel mir bei den Übungen auf, dass ich über Kimme und Korn keinen geraden Strich mehr sah, nur noch ein diffuses Flackern. Ich konnte nicht mehr gut schießen. Aber das spielte im September 1944 dann auch keine Rolle mehr.

Über Olmütz, wo wir ausgerüstet wurden und noch mal gedrillt, ging es an die täglich näher rückende Front – irgendwo ins Grenzgebiet von Weißrussland und der

Ukraine. Dort sollten wir mit unserem Leben den chaotischen Rückzug der Wehrmacht absichern und die Rote Armee ein klein wenig aufhalten. Hinter uns die eigenen Offiziere, vor uns Rotarmisten, die oft keine Gefangenen mehr machten, nach allem, was sie gesehen hatten: Die verbrannten Dörfer und Felder, Menschen und Tiere – alles niedergemacht, gemäß Hitlers Befehl von der »verbrannten Erde«.

Ich habe sie noch im Kopf, die Schreie der Verwundeten, die ermordeten Frauen und Kinder am Wegrand – die Bilder quälen mich noch immer und ich versuche, sie nicht heraufzubeschwören.

Vor Jahren habe ich einmal einer Freundin von zwei Szenen erzählt. Sie wurde sehr still, nahm die Hände vors Gesicht und sagte: »Wie können die Täter damit leben?«

Ich habe die Erfahrung gemacht: Viele können gut damit leben.

Ich denke, dass ich niemanden erschossen habe.

Auf unserer Seite sind fast alle gestorben. Auch Kurt. Aber davon habe ich erst nach dem Krieg erfahren. In der Strafdivision 500 war man nicht lange – wir waren eingesetzt zum Minenräumen, gegen Partisanen, als Stoßtrupps oder Vorauskommandos. Eine typische Meldung an die Heeresleitung hieß: »Bewährungsbataillon hat sich ausgezeichnet geschlagen – fast aufgerieben.« Ein Bataillon mit 800 Mann war nach drei Monaten gewöhnlich vernichtet. Und Hinrichtungen durch die eigenen Leute gab es auch, wenn wir »nicht spurten«.

In den letzten zehn Kriegsmonaten starben so viele Wehrmachtssoldaten wie in den ersten 58 Monaten. Hätten doch nur mehr diesen Krieg verraten.

Ich bin dann verwundet worden – ein glatter Durchschuss, die Kugel ging am Rücken hinein, knapp überm Herzen vorbei und trat durch den Arm wieder aus.

Ein Glückstreffer, denn so kam ich kurz vor Weihnachten 1944 ins Lazarett nach Brünn. Dort war ein tschechischer Arzt, der meine Wundheilung verzögerte, wohl, um mir zu helfen. Wir haben nie darüber gesprochen – aber er wusste, dass ich vom Strafbataillon war, ein Deserteur. Wäre alles herausgekommen, hätten sie uns in diesen letzten Kriegswochen erschossen.

Wenn bei uns im Strafbataillon einer schwer verwundet wurde, ein Bein verlor oder einen Arm, da haben wir ihn beglückwünscht, dass er den Krieg nun vielleicht doch überleben könne und die Heimat wiedersehen.

Im Lazarett traf ich einen jungen, großen, schönen Mann, der wollte keinesfalls mit dem Strafbataillon wieder an die Front und war zutiefst verzweifelt. Ich habe Schmiere gestanden, als er sich nackt im Bad mit einer Schüssel voll kochendem Wasser übergossen hat. Er hatte Glück, dass sie ihm abnahmen, es sei ein Unfall gewesen, und konnte – wie ich – im Lazarett bleiben.

1993

Im November 1993 – kurz vor meinem 72. Geburtstag – fahre ich angespannt und stolz zum Volkstrauertag nach Mannheim. Ich bin von der Stadt eingeladen worden. Erstmals darf ein Wehrmachtsdeserteur auf einer Gedenkfeier sprechen, auf dem Hauptfriedhof. Im Zug gehe ich meine Rede noch einmal durch – knappe fünfzehn Minuten.

Ich würde von meiner Geschichte erzählen, vom Elend und Leid, das ich gesehen und erlebt hatte, vom Sterben der Deserteure, vom Unrecht der NS-Militärjustiz, um im Heute und bei meiner Kernbotschaft zu enden: »Der Friede ist nur dann zu haben, wenn wir uns weltweit für Gerechtigkeit einsetzen. Wir einfachen Menschen sind aufgerufen, uns auf den Weg zu machen, diese Erde ohne Waffen zu bewahren.«

Als der gefallenen Soldaten der Wehrmacht gedacht wird, legen Vertreter der Bundeswehr ihre Kränze in einer Reihe vorm Ehrenmal nieder. Dann folgen einige Ansprachen und schließlich trete ich mit klopfendem Herzen ans Rednerpult und beginne: »Es freut mich sehr, dass ich von dieser toleranten Stadt Mannheim zum Volkstrauertag als Deserteur eingeladen wurde …« Unruhe. Ich schaue auf. Alle Bundeswehrsoldaten verlassen die Feier und folgen ihrem Oberstleutnant. Ich fühle mich tief gedemütigt und gekränkt.

Die übrigen Trauergäste hören sich meine Rede bis zum Ende an und ehren bei meiner Kranzniederlegung die vielen hingerichteten und ermordeten Deserteure.

Später frage ich den Oberstleutnant, warum er mit seinen Offizieren und Mannschaften den Wehrmachtsdeserteuren die Totentrauer verweigert habe. Antwort: Ein Gedenken für tote Deserteure diffamiere alle Wehrmachtssoldaten. Er fühle sich »gedanklich einig« mit den Gefallenen, die sich bestimmt nicht mit Deserteuren identifiziert hätten.

Es schmerzt, gegen die immer gleiche Wand anrennen zu müssen. Gerade die Bundeswehr mit ihrem Anspruch, die Demokratie zu verteidigen, die verbrecherische Befehle samt Befolgung unter Strafe stellt – gerade diese »neue Armee« müsste unsere Fahnenflucht doch bejahen und uns mit Achtung begegnen. Wenn diese Bundeswehr aber nur jene Soldaten ehrt, die Hitlers Krieg mitgemacht haben und unseren Toten demonstrativ das Gedenken verweigert, so ist das für uns Überlebende eine tiefe Demütigung.

So schreibe ich es auch an Verteidigungsminister Volker Rühe. Und stelle Dienstaufsichtsbeschwerde gegen den Oberstleutnant. Wochen später bekomme ich vom Referatsleiter für Innere Führung eine erstaunlich nachdenkliche und abwägende Antwort:

> »Zwischen uns ist sicherlich unstrittig, dass die Wehrmacht von einem Unrechtsregime als Instrument zur Führung eines verbrecherischen Krieges missbraucht wurde. ... Die Bundeswehr ist zur gemeinsamen Achtung vor den Opfern von Krieg und Gewaltherrschaft bereit. ... Dass noch um Verständnis für diese Auffassung unter den Soldaten geworben werden muss, zeigen Ihre Erlebnisse in Mannheim. In diesem Sinne betrachte ich Ihren Brief auch als eine Anregung, dieses Thema mit den Soldaten im Rahmen der Bildungs- und Erziehungsarbeit zu behandeln.«

Immerhin. Langsam bewegt sich was.

Man muss nur dranbleiben.

In den frühen Neunzigern sind es vor allem die Medien, die unsere Sache aufgreifen und uns Rückenwind geben. So dreht die BBC mit einem schottischen und einem russischen Kriegsveteranen und mir einen Film zum Volkstrauertag 1993.

Gemeinsam gehen wir zum sowjetischen Soldatenfriedhof in Berlin, wo der Moskauer Veteran seinen Kranz niederlegt. Als Nächstes legt der Schotte seinen Kranz auf dem britischen Friedhof ab und ich schließlich meinen in Plötzensee, wo die Männer des 20. Juli hingerichtet wurden. Das sind starke, nachhallende Bilder. Wenig später bringt die *Washington Post* eine halbe Seite über uns Deserteure und bald folgen auch große deutsche Blätter wie die *Zeit* und der *Spiegel*, woraufhin Fernsehteams anrufen und ich mich vor Kameras wiederfinde: im Bonner Bundestag, vor den Gefängnismauern in Torgau oder im Vegesacker Bürgerhaus, neben dem Deserteurs-Denkmal. Was natürlich auch meinen Briefkasten füllt …

Post vom März 1994 – Absender: anonym

»›Ehrenwerte Gesellschaft‹, Wehrmachtsdeserteure a.D.

Wo leben wir denn?! Dies ist doch nur in unserer Bananenrepublik möglich … wer hat sich denn in Ihrem Verein zusammengerottet?

Wahrscheinlich nur solche Typen, die sich bei der ehem. Wehrmacht Straftaten wie Fahnenflucht, Feigheit vor dem

Feind, Kameradendiebstahl, Plünderei, Vergewaltigung von Frauen im besetzten Gebiet, Schwulsein (A....f....rei) ... u. ä. Taten zuschulden kommen ließen.

Und nun spielt man den Widerstandskämpfer, lässt sich womöglich noch eine Entschädigung aus Steuermitteln zahlen, die die Kriegsteilnehmer, welche bis zum Schluss anständig geblieben sind, mit ihren Steuern aufzubringen haben.

Die Wehrmachtsdeserteure a.D., wozu ja auch Ihr Ludwig Baumann aus Bremen gehört, müssen sich sagen lassen, dass in allen Armeen der Welt Desertion mit der Todesstrafe bedroht war und noch ist, wenn diese im Kriegseinsatz erfolgte. Da gab es doch nichts anderes für solche Feiglinge, die ihre Kameraden im Stich ließen, um ihren Arsch in Sicherheit zu bringen. An die Wand damit oder Rübe ab war doch das einzig Richtige für solche Kreaturen ohne Charakter, Gewissen und Kameradschaft. Jeder Landser hatte den Wunsch, den Krieg lebend zu überstehen und Millionen von ihnen taten ihre Pflicht bis zum bitteren Ende. Sicherlich waren die wenigsten davon dem NS-Regime verbunden. Sie blieben anständig bis zum letzten Tag in der Überzeugung, ihre Heimat verteidigen zu müssen.

Der Gipfel der Unverschämtheit ist, dass man den zu Recht hingerichteten Deserteuren, sprich Kameradenverrätern, noch Denkmäler setzt.

Dies ist doch eine Verhöhnung der Opfer, die in Wahrung ihrer Ehre im Kriege ihr Leben verloren haben. Aber wie gesagt, in unserem jetzigen Deutschland ist alles möglich.

Daher ein ›Pfui‹ den Wehrmachtsdeserteuren a.D.«

Den Hass der alten Kameraden bin ich mittlerweile gewohnt – er trifft mich nicht mehr sonderlich. Schwerwiegender und subtiler ist die Gegnerschaft der Soldatenverbände. Unter den 400 000 Mitgliedern sind viele alte

Wehrmachtssoldaten – und einer steht sogar an der Spitze: Generalmajor a. D. Jürgen Schreiber. Er hatte mehrfach öffentlich betont, »dem Typ des Deserteurs als solchem« könne er keine Anerkennung zollen.

Und so schreibt er unserer Bundesvereinigung im Februar 1994:

> »1. Es gab keine NS-Militärjustiz.
> Es gab eine Kriegsgerichtsbarkeit der Deutschen Wehrmacht, die auf rechtsstaatlich nicht zu beanstandenden förmlichen Gesetzen beruhte.
> 2. Das seltsame und in Widerspruch zur gesamten sonstigen Judikatur stehende Urteil des Bundessozialgerichts ist uns bekannt. Seine Argumentation ist gründlich widerlegt in dem Buch von Prof. Dr. Schwinge ›Wehrmachtsjustiz – eine Terrorjustiz?‹, bei uns zum Preise von DM 14,– zu bestellen.
> 3. Wir stehen grundsätzlich hinter jedem Verband und jeder Untergliederung, die es ablehnt, Deserteure als Widerstandskämpfer anzuerkennen.
>
> RING DEUTSCHER SOLDATENVERBÄNDE
> Dr. jur. Jürgen Schreiber – Generalmajor a.D.«

Ich sitze ihm wenig später in einem NDR-Streitgespräch gegenüber – er weicht keinen Millimeter von seiner Linie. Meinem Argument, dass wir Deserteure doch ein Beispiel für die heutigen Bundeswehrsoldaten sein könnten, die im Einzelfall doch auch ihr Gewissen zu befragen hätten, hatte er schon früher widersprochen: »Der einzelne Soldat als Befehlsempfänger soll im Interesse der Einsatzfähigkeit der Streitkräfte und der Schlagkraft weitgehend von persönlicher Verantwortung freigestellt werden.«

Schreiber war fünf Jahre jünger als ich, im letzten Kriegsjahr an der Jagdfliegerschule gewesen, hatte nach dem Krieg Jura und Volkswirtschaft studiert und seine Doktorarbeit über das Thema »Kriegsdienstverweigerung« geschrieben. Bei der Bundeswehr hatte er Karriere gemacht und war 1986 mit 60 Jahren in Pension gegangen – als Generalmajor und Kommandeur des Luftwaffenausbildungskommandos.

Kurz darauf veröffentlichte er sein Buch »Waren wir Täter?«.

Die Vergangenheit schien auch ihn nicht loszulassen. Und dann holte sie ihn ein.

In einem Prager Archiv fand der Militärhistoriker Prof. Manfred Messerschmidt Briefe des 19-jährigen Unteroffiziers Jürgen Schreiber an seinen Vater, der Generalrichter war am Reichskriegsgericht in Torgau.

Mitte Februar 1945 hatte die deutsche Luftwaffe kaum noch intakte Flugzeuge, geschweige denn Treibstoff. Und so wurden Fliegerschulen aufgelöst und die Kadetten zur Infanterie an die Front abkommandiert. In dieser Lage schrieb der junge Jürgen Schreiber am 18. Februar 1945 aus seiner Jagdfliegerschule in Helmstedt:

»Lieber Papi!

Wie es hier jetzt steht, schrieb ich schon im Großen und Ganzen. Allerdings hat sich die Sache insofern verschärft, als von den meisten (auch Vorgesetzten) mit dem 1. März die Versetzung zur Infanterie angenommen wird. Geschult wird fast überhaupt nicht mehr.

Wenn Du auf Grund meines letzten Briefes nichts unternommen hast, dürfte es jetzt zu spät sein. Dennoch

schicke ich Dir zwei weitere Stellen, die Einfluss auf unsere Ausbildung haben:
1) die 4. Flieger-Schuldivision und
2) der General der Jagdflieger

... Indem ich hoffe, dass es Dir gut geht, verbleibe ich mit Gruß und Kuss

Dein Jürgen«

Gleich anderntags schrieb er wieder an seinen Vater. Er habe in einem Eignungstest nur die Note 2 bekommen, weil es im Boxen nicht gut gelaufen sei und der schlechtere Teil des Jahrgangs werde

»... wahrscheinlich abgelöst und zur Infanterie versetzt. ... Ich glaube, dass es unter den jetzigen Verhältnissen am besten ist – wie ich schon gestern schrieb –, sich direkt ans Geschwader zu wenden.
Denn Du schriebst ja, dass die Leute »oben« selbst etwas durcheinander sind, und ehe dann die Angelegenheit von Stelle zu Stelle geht, ist wieder viel Zeit verstrichen, bzw. es bleibt ganz stecken.
Wenn Du an den Geschwader-Kommodore schreibst, kannst Du doch Bezug nehmen auf unsere Besprechung beim General der Fliegerausbildung! Jedenfalls nimm bitte nach meiner gestrigen Prüfung die Angelegenheit noch einmal energisch in die Hand, ehe es vielleicht doch zu spät ist.«

Am Folgetag schrieb er schon wieder, fast flehentlich: »Ich hoffe, dass inzwischen von Dir etwas veranlasst wurde.« Ob sein Vater Kurt Schreiber, Generalrichter am Reichskriegsgericht, den Wunsch seines Sohnes nicht mehr erfüllen konnte oder wollte, steht dahin. Jürgen Schreiber war in den letzten Kriegswochen tatsächlich noch bei der Infanterie im Raum Berlin. Auf verlorenem Posten.

Ich kann gut verstehen, dass er da nicht hin wollte. Er hat das alles sicher auch verdrängt, weil es in seinen Ehr- und Würdebegriff nicht passte – ich weiß, was man alles verdrängen kann. Nun – wäre Generalmajor Schreiber nicht so unbelehrbar gewesen, hätte er sich gut bei uns »Drückebergern, Kameradenschweinen und Vaterlandsverrätern« einbringen können.

Kapitel 7

Post vom März 1994

Der einzige Brief dieser Art mit voller Anschrift und zwei Fotos – das eine zeigt den Absender: lachend, in Uniform, um den Hals das Ritterkreuz. Darunter: »Oberstleutnant der Deutschen Wehrmacht – Träger des Ritterkreuzes mit Eichenlaub und Schwertern.«

Daneben ein Gruppenbild mit Adolf Hitler und Hermann Göring – darunter die Zeilen: Unser Führer und Oberster Befehlshaber der DEUTSCHEN WEHRMACHT.

»Herr Baumann!

Eine andere Anrede ist mir nicht möglich. Der ›deutschen Presse‹ habe ich entnommen, dass Sie als Fahnenflüchtiger bzw. Wehrkraftzersetzer bei einem Volkstrauertag auftreten durften.

Nun – in dieser BRD (Besetztes Rest-Deutschland) ist nichts unmöglich.

Seien Sie aber versichert, Volksschädling Baumann, dass Sie FÜR ALLES alsbald sich vor dem REICHSKRIEGSGERICHT in Berlin zu verantworten haben. Das DEUTSCHE REICH befindet sich noch immer im Kriegszustand, folglich gilt noch immer Kriegsrecht.

Was Sie zu erwarten haben, ist klar.

Nehmen Sie vorher Zyankali, dies erspart Ihnen Nerven und der alsbald wieder funktionierenden reichsrechtlichen Justiz und dem Herrn Reichsfinanzminister etliche Reichsmark.

Stets dem deutschen Recht und der Wahrheit verpflichtet verbleibe ich getreu meinem Fahneneid mit den Worten:

Es lebe das DEUTSCHE REICH!

Mit Deutschem Gruß«

Immerhin bekannte sich der Autor dieser Zeilen in seinem Hass als Einziger mit vollem Namen und Anschrift. Als Monate später ein befreundeter Sozialdemokrat den Brief in die Hand bekam und Anzeige erstatten wollte, war er bereits gestorben.

1995

Am 8. Mai 1995, genau 50 Jahre nach Kriegsende, bekam ich zusammen mit der Kurdin Leyla Zana den Aachener Friedenspreis verliehen. Der würdigt Menschen, »die auch von unten her gegen Militarismus, Rassismus und Faschismus gehandelt haben«. In der Preisrede wurde gesagt, damit solle die Rehabilitierung der noch 300 lebenden Deserteure angemahnt werden. Das zu hören tat so gut. Und gab Kraft, zum Beispiel wenn man nur Tage später die Presseerklärung des rechtspolitischen Sprechers der Unionsfraktion, Norbert Geis, las:

> »Die CDU/CSU-Bundestagsfraktion wird in keinem Fall Bestrebungen nachgeben, den Deserteuren der Wehrmacht von vornherein einen Persilschein auszustellen. Es gibt genug Fälle, in denen Fahnenflüchtige sich in höchst verwerflicher und krimineller Art von der Truppe entfernt haben ... Deshalb bleiben wir bei der Einzelfallprüfung.«

Ich habe Norbert Geis zweimal unter vier Augen gesprochen. Er war nicht unfreundlich, aber es war sinnlos, mit ihm zu streiten. Zu sehr war er von seiner Sache überzeugt, bis zuletzt. Ich habe ihm vor allem nie verziehen, dass er bei einer Anhörung wider besseres Wissen sagte, Stalin hätte 1,7 Millionen deutsche Zivilisten in der eisigen Ostsee ertrinken lassen, und mit einer schwankenden Wehrmacht wären es noch viel mehr gewesen. In Wahrheit starben auf der Ostsee 31 000 Flüchtlinge und es gab dort bei der Deckung des Rückzugs so gut wie keine Deserteure.

Im November 1995 schöpfen wir Deserteure neue Hoffnung – dieses Mal dank des Bundesgerichtshofs. Und das ist wohl nur möglich, weil die letzten NS-Richter ihre hohen Posten in der bundesdeutschen Justiz inzwischen geräumt haben oder gestorben sind. Auslöser des Verfahrens war ein ehemaliger DDR-Richter, der politische Gegner zum Tod verurteilt hatte und dafür in Berlin angeklagt worden war. Dieser berief sich nun auf die bisherige Rechtsprechung und verlangte ebenso freigesprochen und in Ruhe gelassen zu werden wie die alten NS-Richter.

Doch im November bestätigt der BGH das Urteil gegen ihn wegen Rechtsbeugung. Und verwirft auf 61 Seiten seine bisherige Haltung mit ungewöhnlich deutlichen, ja brüsken Worten.

Die NS-Militärrichter hätten »Terrorjustiz« betrieben, »Blutjustiz«, um »rücksichtslos die Kampfkraft aufrechtzuerhalten« für einen »völkerrechtswidrigen Krieg«. Die etwa 30 000 Todesurteile seien so »offensichtlich unrechtmäßig« gewesen wie die 5200 des Volksgerichtshofs. Eine

Vielzahl der Richter hätte nach 1945 »wegen Rechtsbeugung in Tateinheit mit Kapitalverbrechen zur Verantwortung gezogen werden müssen. ... Darin, dass dies nicht geschehen ist, liegt ein folgenschweres Versagen bundesdeutscher Strafjustiz«.

Und der BGH rügt ausdrücklich, dass NS-Richter, die Todesurteile gefällt hatten, weiter in der Justiz tätig waren: »Zuweilen konnten sie auch in Staatsämtern Karriere machen.«

Wer muss da nicht an den NS-Marinerichter und späteren Ministerpräsidenten Hans Filbinger (CDU) denken!

50 Jahre habe ich auf solche Sätze gewartet. Und erstmals mehren sich die Stimmen, unsere zigtausend NS-Militärurteile aufzuheben.

Zwei Wochen darauf kommt es zu einer denkwürdigen Anhörung im Rechtsausschuss des Deutschen Bundestages. Es geht um unsere Rehabilitierung, Entschädigung, Versorgung und die Aufhebung der Unrechtsurteile. Treibende Kräfte sind Volker Beck von den Grünen und Dr. Herta Däubler-Gmelin von der SPD.

Unter den Gutachtern sind – uns eher gewogen – der Militärhistoriker Prof. Messerschmidt und vom Bundessozialgericht Dr. Wulfhorst. Auf der Unionsseite sitzt als Gutachter – neben Generalmajor Schreiber – der frühere Militärrichter Otfried Keller. Er hat im Krieg als Divisionsrichter Urteile von Militärrichtern überprüft, selbst Todesstrafen ausgesprochen und stieg nach 1945 zum hessischen Landgerichtspräsidenten auf. Seiner Ansicht nach gab es bei der »Wehrmachtsrechtspflege«, wie er es nennt, nichts zu beanstanden: »So waren die Bestimmungen des Gesetzes. Die Verfahren waren rechtsstaatlich und für die Angeklagten oft segensreich.«

Ich halte das schwer aus, aber es geht so weiter. Generalmajor Schreiber sekundiert und spricht davon, dass »jeder Rekrut zu jeder Zeit lernt, dass ein Entfernen von der Truppe strafbar und schändlich ist«. Schließlich folgt der Auftritt des Militärhistorikers Prof. Franz Seidler von der Bundeswehrhochschule München: Seiner Meinung nach hätten die Deserteure im Zweiten Weltkrieg »ichbezogen« gehandelt und seien »von ihrem Bildungsstand her unfähig gewesen, politisch zu handeln. Bei den Fahnenflüchtigen bis Juni 1944 handelte es sich in der Mehrzahl um einfache Menschen aus zerrütteten Familienverhältnissen, denen politische Überlegungen oder gar gezielte Widerstandshandlungen fremd waren«.

Kurz: Wir Deserteure waren dumm, faul, feige und versoffen – Asoziale. Penibel hat Professor Seidler erforscht, wie viele Vorstrafen wir hatten, wie viele Arreststrafen – bei der Wehrmacht gab's für alles Arrest –, wie viele von uns ihre Lehre abgebrochen hatten oder Ungelernte waren, wie viele zuvor in Heimen lebten. Alles auf der Grundlage der NS-Ermittler und ihrer Verhörprotokolle.

Und dies alles, diese ganze Erbsenzählerei, vor dem Hintergrund von 23 000 Hinrichtungen und 100 000 Toten in Lagern und Strafbataillonen.

Es ist so menschenverachtend.

Das ist einer dieser Momente, in denen ich verzweifelt bin. Wo ich fast den Glauben daran verliere, dass wir es schaffen können.

1945

Am 1. Mai – Hitler hatte sich bereits umgebracht – forderte Stadtkommandant Poel 20 Mann als Leibwache an, darunter mich, und erklärte Brünn zur Festung, die mit allen Mitteln zu halten sei. Er rief uns zu: »Der Führer ist tot – es lebe der Führer, Großadmiral Dönitz!« Ich konnte es nicht fassen – von fern hörte man ja schon den Geschützdonner. Ich war so weit gekommen, hatte überlebt, wollte meine Angehörigen und Hamburg wiedersehen. Ich dachte, der ist wahnsinnig, was sollen wir hier noch verteidigen?

Gleich in der ersten Nacht hatte ich Telefonwache, an einem Schreibtisch, den habe ich aus Neugier mit einer Büroklammer geöffnet. Darin lagen Marschbefehle! Offizielle Blanko-Marschbefehle! Ich nahm 20 heraus und stempelte sie ab. Man brauchte nur noch das Datum einzutragen und den Hinweis: Überweisung ins Heimatlazarett. Vernünftige Ärzte machten das in diesen letzten Kriegstagen von sich aus.

Die Front rückte näher, und wenn man in diesem Chaos mit den fliegenden, tödlichen Standgerichten so einen Marschbefehl in der Tasche hatte, war das unbezahlbar. Feldmarschall Schörner hat in diesen letzten Tagen noch sehr viele Deserteure aufhängen lassen.

Die übrigen Dokumente habe ich an die anderen verteilt, was im Grunde ein Wahnsinn war, da hätte nur einer Meldung machen müssen … War das Widerstand? War es Leichtsinn? Ich weiß es nicht.

Die Wehrmacht flutete gen Westen, aus Angst vor der Rache der Roten Armee – und weil es dort mehr zu essen gab. Ich aber wollte in diesen frühen Maitagen zusammen mit einem Kameraden gen Norden, Richtung Hamburg. Überall sahen wir Zerstörung, Tote und rauchende Panzer. Ein Stück weit fuhren wir auch mit einer Kompanie in der Eisenbahn und kamen an eine Gleiskreuzung. Es war der 9. Mai, der letzte Kriegstag im Osten. Am Himmel flog eine sowjetische Bomberstaffel und warf ihre Bomben auf unseren Zug, von dem nur Trümmer blieben. Und viele Tote. Darunter mein Kamerad.

Gemeinsam mit einem Überlebenden wollte ich weiter nach Norden, nach Schlesien. Wir querten einen Wald voller Stille, Toten und zerstörten Waffen und fanden auf einer Lichtung, im Tal, ein kleines Dorf.

Dort gab uns ein Bäckermeister Quartier, wir besorgten uns Zivilkleidung und dachten, hier bleiben wir erst mal. Und doch fragten wir uns: Was werden die Sowjets mit uns machen?

Ich lag gerade auf der Wiese, in der Sonne, als ich Motoren hörte. Ich stand auf – besser wäre es gewesen, liegen zu bleiben. Deutsche Flaksoldaten waren am Straßenrand angetreten und ein Jeep rollte heran, mit einem sowjetischen Kommissar und drei Rotarmisten darin. Ich wurde herangewunken und musste mich dazustellen.

Sie prüften unsere linken Oberarme, ob sie eine Tätowierung der Waffen-SS entdeckten. Da kam ein grober, russischer Typ auf mich zu und hielt mir seine Pistole an die Stirn – er hielt mich wohl für einen Werwolf. Ich stammelte: »Ich KZ – Hitler scheiße!« Aber er verstand mich nicht. Der Kommissar jedoch verstand und nahm ihm die Pistole aus der Hand.

Ich blieb dann noch ein halbes Jahr bei den Russen, im niederschlesischen Glatz. Dort lebten einige Ärzte und ehemalige politische Gefangene in einer Art Lazarett, einer alten Schule. Der russische Hauptmann schützte uns vor den umgesiedelten Polen im Ort, die gar nicht freundlich waren, ebenso wie die Tschechen – die sahen nur, dass wir Deutsche waren. Darum eskortierten mich die Sowjets dann auch bis zur Grenze bei Gleiwitz.

Kurz vor Weihnachten 1945 – ich war gerade 24 geworden – erreichte ich die Stadtgrenze von Hamburg. Nahezu vier Jahre war ich nicht mehr hier gewesen.

1996

Endlich löst sich, im November 1996, der dritte Stein aus der Mauer des Widerstands gegen unser Anliegen und nimmt den vierten gleich mit. Wiederholt waren Prof. Messerschmidt und ich zur Synode der Evangelischen Kirche nach Hannover gereist und hatten dort lange Gespräche geführt. Am Ende stimmen 115 von 120 Mitgliedern für folgenden Beschluss:

> »Es leben unter uns noch Mitbürger, die in der Zeit von 1939 bis 1945 durch die Wehrmachtsjustiz wegen Desertion, Gehorsamsverweigerung oder Wehrkraftzersetzung verurteilt wurden. Sie gelten nach wie vor als vorbestraft. Dies ist nicht länger zu verantworten.
> Die Synode der Evangelischen Kirche in Deutschland erklärt:
> Der Zweite Weltkrieg war ein Angriffs- und Vernichtungskrieg, ein vom nationalsozialistischen Deutschland verschuldetes Verbrechen. Auch die Kirche, die das seinerzeit nicht erkannt hat, muss das heute erkennen.

Wer sich weigert, sich an einem Verbrechen zu beteiligen, verdient Respekt. Schuldsprüche aufrechtzuerhalten, die wegen solcher Verweigerungen gefällt wurden, ist, seit der verbrecherische Charakter der nationalsozialistischen Diktatur und ihrer Kriegsführung feststeht, absurd. Sich der Beteiligung an einem Verbrechen zu entziehen, kann nicht strafwürdig sein.
Eine Rehabilitierung von Deserteuren bedeutet keine Abwertung der deutschen Soldaten des Zweiten Weltkriegs. Die meisten Soldaten glaubten, die Pflicht zu erfüllen, die sie ihrem Vaterland schuldeten, oder sie sahen keine Möglichkeit, sich dem Kriegsdienst zu entziehen. Dies sehen Sprecher überlebender Deserteure ebenso.
Eine Rehabilitierung der Opfer der Wehrmachtsjustiz kann keine negativen Auswirkungen auf die Bundeswehr haben. Sie ist die Armee eines demokratischen Rechtsstaates. Das Grundgesetz der Bundesrepublik Deutschland verbietet jede auf einen Angriffskrieg angelegte Handlung. Den Soldaten der Bundeswehr ist es darüber hinaus durch das Soldatengesetz verboten, verbrecherische Befehle zu befolgen. Zu den wesentlichen Leitbildern der Bundeswehr gehören die Männer und Frauen des Widerstandes gegen die NS-Diktatur.
Die Synode der EKD bittet den Deutschen Bundestag zu beschließen, dass die von der Wehrmachtsjustiz während des Zweiten Weltkrieges verhängten Urteile wegen Desertion, Gehorsamsverweigerung oder Wehrkraftzersetzung Unrecht waren.«

Und so beginnt der Bundestagsentschluss vom 15. Mai 1997 mit den Worten: »Der Zweite Weltkrieg war ein Angriffs- und Vernichtungskrieg, ein vom nationalsozialistischen Deutschland verschuldetes Verbrechen.« Punkt 2 erinnerte an Zehntausende hingerichtete Deserteure. Unter Punkt 3 bezeugte der Bundestag den Opfern und ihren Familien »Achtung und Mitgefühl. Er stellt fest, dass die von der Wehrmachtsjustiz (…) verhängten Urteile unter Anlegung rechtsstaatlicher Wertmaßstäbe Unrecht waren. Anderes gilt, wenn bei Anlegung dieser Maßstäbe die der Verurteilung zugrundeliegende Handlung auch heute Unrecht wäre.«

Diesen entscheidenden Passus hat Norbert Geis eingeflochten. Er ist perfide: Es beginnt gut und klingt nach Rehabilitierung, den hingerichteten Deserteuren wird Achtung ausgesprochen, ihre Todesurteile waren zu hart gewesen. Aber wir Überlebenden – vielleicht noch 250 –, wir hatten etwas getan, das auch heute noch Unrecht ist. Wir waren Fahnenflüchtige. Darauf stehen in der Bundeswehr nach Paragraph 16 Wehrstrafgesetz bis zu fünf Jahre Haft. Und wer etwas Unrechtes getan hat, kann keinesfalls pauschal rehabilitiert werden, und so fordert Norbert Geis, dass jeder Deserteur vor Gericht sein politisches Motiv nachweisen muss. Einzelfallprüfung.

Und um das Ganze perfekt zu machen: Sollte es damals im Umfeld der Fahnenflucht zu kriminellen Taten gekommen sein, hätten wir auch keinen Anspruch mehr auf die einmalige Entschädigung von 7500 Mark.

Aber einige Deserteure mussten ja Nahrung stehlen oder Zivilkleider oder ein Fahrrad. Und zur Krönung steuert Finanzminister Theo Waigel noch ein Detail bei: Angehörige bekommen die Entschädigung nur dann, wenn der antragstellende Deserteur im Laufe des Prüfungsverfahrens gestorben ist. Seit Jahrzehnten bezogen die Witwen der Wehrmachtssoldaten und SS-Männer Versorgungsrenten, unsere Angehörigen hingegen nichts.

Nun gibt es eine einmalige Leistung – und wieder sind die meisten ausgeschlossen. Wir empfinden das als Sippenhaft. Es ist widerlich, macht uns aber noch entschlossener; auch, weil uns die Zeit davonläuft. Jedes Jahr werden wir weniger – ich bin nun 76. Und von meiner Mission besessen – es ist ein Kampf ohne Waffen, der mich vollkommen in Anspruch nimmt und ich gestehe: Meine Kinder und Enkel habe ich darüber zeitweise vergessen.

Die Nachkriegsjahre

Nahezu vier Jahre war ich nicht mehr daheim gewesen und erkannte Hamburg kaum wieder. Inmitten der Trümmer war eine unserer Wohnungen heil geblieben. Wenige Tage vor Heiligabend kam ich nach Hause, doch Vater und ich haben es nicht geschafft, uns in die Arme zu nehmen. Das ist sehr, sehr schade. Aber er konnte wohl auch nicht anders. Er hat die Worte »Schande« oder »Feigling« nie benutzt, aber er hat's wohl gedacht und einmal auch kurz gesagt: »Man tut seine Pflicht.«

Er wollte nichts wissen von meiner Zeit in der Todeszelle, in Torgau oder im Strafbataillon. Und ich habe von mir aus dann auch nichts erzählt.

Ich stieg in das Familiengeschäft ein. Als Großhändler erhielt Vater auch unter britischer Besatzung weiterhin große Tabak-Kontingente und wir belieferten unter anderen die Hamburger Gefängnisse, ganz legal. Ich erklärte ihm, dass man mit einem Teil des Tabaks auf dem Schwarzmarkt sehr viel Geld machen könne, schließlich waren Zigaretten *die* Leitwährung. Nach allem, was ich erlebt hatte, kam mir eine geregelte Arbeit gar nicht in den Sinn. Den meisten Opfern der Kriegsgerichte ging es ähnlich: Unsere Leute waren einfach kaputt, auch weil sie nach dem Krieg so demütigend behandelt wurden. Und selbst wer wollte, hat oft keine richtige Arbeit bekommen, wir waren ja alle vorbestraft.

Bald hatte ich schräge Freunde, die mithalfen, unsere Zigaretten zu verschieben, und zog mit ihnen auch nachts durch die Kneipen in Sankt Pauli. Da ging das richtig los, mit dem Trinken. Und den Frauen. Ich war ansehnlich und hatte alle Möglichkeiten: Geld, Zigaretten und eine unbeschädigte Wohnung. Die meisten hausten ja ausgebombt in nasskalten Kellern. So kreuzten einige Frauen meinen Weg, aber ich konnte und wollte mich nicht binden und nach wenigen Wochen musste es immer eine Neue sein.

Ich hatte gehofft, dass mein Handeln jetzt, nach dem Krieg, anerkannt würde. Auf dem Schwarzmarkt gab ich mich einmal als Deserteur zu erkennen. Da wurde ich von ehemaligen Soldaten als Feigling und Verräter zusammengeschlagen und flüchtete blutend auf die nächste Polizeiwache, um dort Schutz zu suchen und Anzeige zu erstatten. Aber dort haben sie mir den Rest gegeben und mich noch mal fürchterlich verprügelt. Ich bin nie wieder zur Polizei gegangen.

Noch in derselben Nacht wurden meinem Vater die Scheiben eingeworfen. Da dämmerte mir: Für die anderen sind wir weiterhin »Feiglinge, Kameradenschweine und Verräter.« Und irgendwann glaubte ich das auch. Und schwieg. Und verdrängte. Und trank.

Freunde nannten mich bald: »King of Hamburg«. Wohl auch, weil ich immer die Zeche für alle zahlte. Mein Vater hat sich große Sorgen um mich gemacht und ich denke, er hat mich schon gemocht. Nur gezeigt hat er es nie. Im März 1947 ist er gestorben, mit 66 – ich sage: aus Kummer. Er hatte Magengeschwüre, seit meiner Zeit in der Todeszelle. Und musste dann nach Kriegsende mitansehen, wie ich langsam abgestürzt bin und wie andere mit mir umsprangen. An seinem Grab fühlte ich mich schuldig.

Im Testament hatte er meine Schwester und mich großzügig bedacht. Ich bekam zwei Hektar kostbaren Baugrund plus Wohnungen – er wollte, dass ich doch noch studiere und Architekt werde. Aber ich habe alles meiner Schwester verkauft und eine Kneipe angemietet, am Hamburger Gänsemarkt. Da saß ich Tage und Nächte mit meinen falschen Freunden, im Hinterzimmer hatte die Wirtin eine Liege für mich aufgestellt, und während ich dort meine Räusche ausschlief, tranken alle auf meine Kosten weiter und die Wirtin schrieb mit der Gabel an – vier Striche für ein Bier.

Binnen drei Jahren habe ich mein beträchtliches Erbe vertrunken, mit anderen, die auch kaputt waren vom Krieg. 1950 war alles weg und ich heuerte als Vertreter an. Wir verkauften Gardinen – mal in Hamburg, mal in Oldenburg, mal in Bremen. Wir gingen die Straßen lang, die Fenster fest im Blick und überall, wo zerschlissene oder alte Gardinen hingen, klingelten wir und verkauften unsere, auf Teilzahlung oder Anzahlung. Bei mir lief das Geschäft gut; ich konnte mit den Frauen und wirkte wohl seriös. So lernte ich eines Tages meine Frau kennen – Waltraud, eine dunkelhaarige Schönheit, die sehr herzlich war und erfrischend einfach. Die Älteste von sieben Kindern einer armen Familie.

Wir haben uns gleich sehr gemocht und nach zwei Tagen sind wir zusammengezogen. Sie war damals 18 und ich 29. Aber ich fand auch in ihr keinen Halt und trank weiter, gequält von den Erinnerungen und der Erniedrigung. Mit 20 bekam sie das erste Kind, mit 22 das zweite – danach haben wir geheiratet, es war eine ärmliche Hochzeit. Meine Schwiegermutter mochte mich und mein Schwiegervater auch, er war Fraktionssprecher der KPD in Bremen. Die hatten damals sechs Prozent und sechs Sitze in der Bürgerschaft. Dass ich Hitlers Wehrmacht verlassen hatte, fand er gut. Und das zu hören, tat gut.

Mit Waltraud habe ich darüber nie gesprochen – über den Krieg nicht und auch nicht über die Desertion, die Todeszelle oder Torgau oder die Ostfront. Waltraud war bald verzweifelt und unglücklich, weil ich nicht aufhören konnte zu trinken.

Es fehlte uns am Nötigsten und es kam ein Kind nach dem anderen. 1952 Peter, dann folgten in Zweijahresabständen Uwe, Heide, Manuel und schließlich 1962 André.

Es fehlte an allem, es war eine Katastrophe. Waltraud hatte anfangs in einer Fabrik gearbeitet, aber nun war sie mit den Kindern angebunden und ich brachte als Alleinverdiener zu wenig nach Hause. Und einiges davon vertrank ich auch noch. So musste sich Waltraud oft Geld leihen von den Nachbarn, oder Mehl oder Kartoffeln. Einmal wollte sie sich umbringen.

Ich war ihr keine Stütze, aber die Kinder hielten dennoch zu mir.

Zu der Zeit verkaufte ich für ein seriöses Geschäft Radios von Tür zu Tür. Meine Umsätze stimmten und ich machte tagsüber wohl einen vertrauenswürdigen Eindruck. Der Chef und ich, wir verstanden uns. Er war auch Alkoholiker. Ich hatte das Gefühl, irgendwie waren alle kaputt nach diesem Krieg.

Dann kam dieser Februartag 1966.

In der Nacht hatte Waltraud, sie war mit unserem sechsten Kind schwanger, hohes Fieber bekommen, über 41 Grad, sie hatte Fruchtwasser verloren, dazu kamen schwere Blutungen. Als ich sie endlich ins Krankenhaus brachte, war ich wieder mal nicht nüchtern. Sie war im siebten Monat, die Geburt wurde eingeleitet und der Chefarzt sagte: »Sie ist nicht mehr zu retten, sie können aber jetzt noch mit ihr sprechen.« Sie hat lange meine Hand gehalten und wie von weit mit mir gesprochen, aber sehr freundlich. Waltraud ist 33 Jahre alt geworden. Und gestorben durch meine Mitschuld – weil sie wieder schwanger war.

Gregor, ein Frühchen, lag noch wochenlang so winzig und mit schiefem Kopf im Brutkasten, dass ich dachte, er schafft es nicht. Und ich auch nicht – daheim waren ja noch die anderen fünf im Alter von vier bis 13. Darum war Gregor die ersten sechs Jahre dann auch nicht bei mir, sondern wuchs bei seiner Tante auf, meiner Schwägerin. Sie hatte einen Putzfimmel und so war einer ihrer Sätze: »Wenn du dich dreckig machst, kommst du zur Strafe in den Keller oder zu Onkel Ludwig!«

Ich war für ihn der Onkel. Als Gregor mit sechs Jahren dann zur Einschulung zu mir kam – meine beiden großen Söhne waren da schon aus dem Haus –, hat er abends oft im Bett gelegen und geweint und geschluchzt, er wolle zurück zu seiner Mama, der Tante. Oder auch zu seiner echten Mama in den Himmel.

Ich war überfordert, hockte nur steif daneben, streichelte ihn ein wenig und wusste nicht, was ich tun sollte.

Wir beide sind nie so recht warm geworden.

In den ersten beiden Jahren nach Waltrauds Tod war ich verzweifelt und dachte: Wäre ich bloß gestorben und nicht Waltraud. Ich schaff' das einfach nicht.

Aber irgendwie ging es dann doch. Meine beiden ältesten Söhne kümmerten sich zusehends um ihre drei kleinen Geschwister, meine Schwester zog anfangs zu uns und half und zahlte später eine Kinderfrau. Anfangs konnte ich noch nicht aufhören, zu trinken – darunter litt vor allem André, mein Zweitjüngster. Mit ihm habe ich heute das innigste Verhältnis, er hat auch am meisten aushalten müssen. Er war gerade mal vier, als seine Mutter starb. Und viele Nächte hat er danach zusammengerollt auf der Fensterbank geschlafen – war dort eingenickt, nachdem er zuvor lange vergebens nach mir Ausschau gehalten hatte. Aber ich saß in der Kneipe.

Jahre später, als André in der Schule war, ist er in der großen Pause oft zu unserer Wohnung gerannt, um da bang zum Balkon hochzuschauen, ob da mein Mantel zum Ausdünsten hängt. Oder ob ich wieder mal nicht heimgefunden hatte.

Mein Abschied vom Alkohol hat Jahre gedauert. Die Abstürze wurden seltener, aber es gab sie noch lange. Mit neun entwickelte André schwere Zwangsstörungen – jede Decke musste er geradeziehen oder falten und zog sich auch seine Hose immer wieder an und aus, um den Sitz der Unterwäsche zu kontrollieren. Wir sind dann gemeinsam zum Psychologen, der sagte was von schweren Verlustängsten und: »Herr Baumann, wenn Sie weiter trinken, wird sich das Jugendamt um ihre Kinder kümmern.«

Das war der endgültige Wendepunkt. Ich hatte Verantwortung für sechs weitere Leben. Und für meines. Ich musste und durfte und konnte diese Verantwortung endlich übernehmen. Ich habe mich dann bemüht, ein guter Vater zu sein – aber ich weiß nicht, ob meine Kinder das auch so sehen. Ich habe mit ihnen auch nie über meine Fahnenflucht gesprochen – bis zur Einweihung des Deserteurs-Denkmals.

Das erste Jahr nach ihrem Tod konnte ich nicht zum Grab meiner Frau gehen. Mein zweitjüngster Sohn ist öfter hingegangen. Heute fahre ich jede Woche mit dem Fahrrad hin. Und spreche mit ihr. Und ich denke, es ist in Ordnung – ich denke, sie hat mir inzwischen verziehen. Aber meinen Kindern gegenüber bekomme ich die Schuldgefühle nicht mehr weg.

Der Älteste und der Jüngste sind später zur Bundeswehr – vielleicht auch, um mich zu ärgern, aus Protest. Die anderen drei Söhne haben alle verweigert.

1979 kam dann das Angebot vom Bremer Jugendamt, mir als Zuarbeiter noch eine kleine Rente zu erarbeiten. Um die Zeit hatte ich auch langsam den Kopf frei, mich für den Frieden und die Dritte Welt einzusetzen. Aber davon erzählte ich bereits.

Kapitel 8

1997

Im März 1995 öffnete die Wehrmachtsausstellung in Hamburg – Titel: »Vernichtungskrieg. Verbrechen der Wehrmacht 1941 bis 1944.« Am Eingang lagen alte *Landser*- und *Kristall*-Hefte. Viele Gleichaltrige blätterten lange darin, bis sie sich ein Herz fassten und hineingingen, zu den Stellwänden mit den schwer zu ertragenden Aufnahmen. Darauf sind Frauen, Männer und Kinder zu sehen, zusammengetrieben wie eine Herde Vieh kauern sie am Boden. Aufgenommen bei Kiew, im Oktober 1941. Es muss bitterkalt sein, sie haben Mäntel und Fellmützen an. Später wurden sie unter Bewachung zur Richtstätte gebracht und mussten sich dort entkleiden. Daneben, vergrößert, die Notiz: »Ein Zug des Sonderkommandos 4a exekutierte störungslos 1865 Juden, Kommunisten und Partisanen, darunter 53 Kriegsgefangene und einige jüdische Flintenweiber.«

Unfassbar auch der Erlass über die Kriegsgerichte im Gebiet »Barbarossa« – fünf Wochen vor dem Überfall auf die Sowjetunion:

»Führerhauptquartier 13. Mai 1941
– Geheime Kommandosache

Für Handlungen, die Angehörige der Wehrmacht und des Gefolges gegen feindliche Zivilpersonen begehen, besteht kein Verfolgungszwang, auch dann nicht, wenn die Tat zugleich ein militärisches Verbrechen oder Vergehen ist.

Der Chef des Oberkommandos der Wehrmacht
Gezeichnet Keitel«

Kurz: Dies war ein Freibrief fürs Morden im Osten – weil es ja keine Menschen traf, sondern Untermenschen.

In Bremen kam es beim Streit über die Ausstellung beinahe zum Bruch der Koalition von CDU und SPD. Erst nach langer Diskussion stimmte der Stadtrat zu, sie zu zeigen. Und anfangs war die Ausstellung nicht gut besucht.

Der Umschwung kommt erst 1997, in München. Bayerns Kultusminister Zehetmair (CSU) hatte empfohlen, nicht hinzugehen, und im *Bayernkurier* stand: »Es geht den Veranstaltern darum, Millionen von Deutschen die Ehre abzusprechen.« Die Macher würden einen »moralischen Vernichtungsfeldzug gegen das deutsche Volk« inszenieren. Und Peter Gauweiler sagte beim traditionellen Fischessen der Schwabinger CSU, der »Tabakmillionär Reemtsma soll einmal eine Ausstellung machen über die Toten und Verletzten von den Milliarden seiner Zigaretten, die er verkauft hat und denen er sein Vermögen verdankt«.

In diese Stimmung hinein reise ich zur großen Demonstration nach München. Um an diesem 1. März 1997 dabei zu sein gegen Rechts – denn hinter den Fahnen der NPD marschieren 5000 alte und junge Nazis durch die Münchner Innenstadt und tragen Plakate und Spruchbänder, auf denen steht: »Unsere Großväter und Väter waren keine Mörder!« oder »Ruhm und Ehre der deutschen Wehrmacht«. Hochgehalten von jungen, kahlgeschorenen Männern. Für mich schwer zu fassen und zu ertragen.

Vorm Rathauseingang zur Ausstellung, der von Polizisten geschützt wird, werde ich wüst beschimpft, als ich mich als Deserteur zu erkennen gebe. Ein alter Kamerad brüllt: »Du Spinner, diese Vernichtungspläne waren doch alles nur Sandkastenspiele!« Und das mehr als 50 Jahre nach Kriegsende! Gespenstisch.

Ich erkläre es mir so: Kaum war der Weltkrieg zu Ende, begann der Kalte Krieg, der Feind blieb also im Osten und Deutschland wurde sehr wichtig. So hat man mit dem Marshallplan das zerstörte Land wieder aufgebaut und im Wirtschaftswunder hatten wir im Westen die Chance, vieles zu verdrängen. Das ist menschlich verständlich. Und natürlich waren nicht alle Wehrmachtssoldaten Verbrecher. Ich denke, auch sie ringen um ihre Würde. In der Ausstellung sah ich Gleichaltrige, die standen da, erschüttert, und sagten inmitten von Schulklassen: »Ja, so war das.«

Aber draußen waren die anderen. Die diese Ausstellung verdammten, ohne einen Fuß hineinzusetzen. Solange hatte man nichts davon wissen wollen, hatte man sich als Soldat seine Geschichte zurechtgelegt, und nun diese ungeheuren Bilder und Dokumente. Und dann treten am Rande auch noch diese Feiglinge auf, diese Deserteure, und bekennen sich.

Wir gingen jetzt alle auf die 80 zu und es war wohl ein letztes seelisches Großreinemachen – oder eben nicht. Und dann spricht so ein Fahnenflüchtiger auch noch vor der Münchner Universität – vor Zehntausenden, die ihre Spruchbänder hochhalten: »Ohne Wehrmacht kein Holocaust« oder »Stoppt die schwarz-braune Koalition von

CSU & NAZIS!« oder »23 000 ermordete Deserteure – Nicht vergessen! – Bündnis 90/Die Grünen«.

Claudia Roth nickt mir aufmunternd zu, neben ihr steht Heribert Prantl von der *Süddeutschen Zeitung* – mit beiden verstehe ich mich gut. Lautsprecher tragen meine Stimme über den Platz. Anfangs noch nervös, schildere ich in kurzen Sätzen meinen Lebensweg, dass von uns Deserteuren keine 4000 das Grauen in den Lagern und Strafbataillonen überlebt haben, dass wir heute keine 200 mehr sind und noch immer vorbestraft. Und dass vor allem die CSU verhindert, dass sich das ändert. Ich möchte den Zehntausenden aber nicht nur die Geschichte eines 75-jährigen Mannes, meine Geschichte erzählen, sondern auch vom Heute und Morgen sprechen:

> »Ich möchte dafür kämpfen, dass wir uns nie mehr dazu missbrauchen lassen, Menschen anderer Völker und uns selber umzubringen. Soldaten wurden immer dazu missbraucht, alles zu zerstören, fremde Länder, das eigene und sich selbst. Im Zweiten Weltkrieg kam hinzu, dass nur so lange hinter der Front millionenfach in den Vernichtungslagern gemordet werden konnte, wie die soldatischen Pflichten erfüllt und die Fronten verteidigt wurden. Aus dieser Geschichte zu lernen, heißt für mich auch, mich zu fragen, ob die Soldaten immer nur früher missbraucht wurden, oder vielleicht auch heute.
>
> Ich habe die Diktatur erlebt und erlitten und Demokratie ist mir ein hohes, verteidigungswürdiges Gut. Aber was wir heute in der Ersten, reichen Welt verteidigen, das nehmen wir manchmal überhaupt nicht wahr. Prä-

sident Bush sagte nach dem Golfkrieg: Wir werden jetzt die neue Weltordnung für die nächsten 100 Jahre festschreiben, denn nur wir haben die militärische und moralische Stärke dazu.
Dann sehen wir uns doch mal diese moralische Stärke an: Es sind ein paar reiche Länder, es sind unsere Länder, die über 70 Prozent der Ressourcen und Energien verpulvern und die Erde zerstören, die die armen Länder ausbeuten, die dann auch noch den Giftmüll dahin abladen. Es sind unsere reichen Länder, die die Nutznießer dieser unmenschlichen Weltwirtschaftsordnung sind, wo jeden Tag auch heute viele Zehntausend Menschen qualvoll verhungern.
Wie soll es da denn Frieden geben?!
Ich denke, da kann es keinen Frieden geben. Oder wollen wir etwa warten, dass die Elenden dieser Welt auch noch gewaltfrei verhungern? Aber wir hier, in diesem reichen Land, von keinem bedroht, und mit dieser Geschichte, wie wir sie in der Ausstellung ›Vernichtungskrieg‹ sehen, wir sind aufgerufen zu gewaltfreiem Handeln. Wenn jetzt immer gesagt wird: ›Ich kann ja doch nichts tun‹, dann frage ich: Wieso denn nicht? Früher konnten wir nie was tun, beim Kaiser nicht, bei Hitler war es tödlich, heute haben wir die Freiheit. Wir können die Welt zu einem Kaufhaus machen, oder wir können uns dem auch verweigern. Und wir können uns auch militärisch verweigern!
Diesen Wahnsinn zu durchbrechen und zu sagen: ›Nein, ich will keinen Menschen töten, ich will leben‹ – dies zu sagen, ist für mich eine Hoffnung für das Leben und auch für den Frieden.«

Im aufbrandenden Applaus schaue ich über den Geschwister-Scholl-Platz, die Ludwigstraße hinunter – Menschenmassen bis zur Feldherrnhalle. Wir können es schaffen.

***

Die ersten Jahre waren zäh für unsere Bundesvereinigung – gegen die Unionsmehrheit im Bundestag war nichts zu machen. Und immer, wenn ich mutlos war, griff ich zu einem Taschenbuch, das noch heute zerschlissen und altersfleckig in meinem Regal steht – Franz Kafka: »Das Urteil und andere Erzählungen«. Darunter ist auch: »Vor dem Gesetz«. Die Stelle lässt sich leicht finden, der Buchrücken ist hier gebrochen, weil ich immer wieder diese zwei Seiten gelesen habe.

Von dem Mann, der um Eintritt bittet, in das Gesetz. Doch der Türhüter vertröstet ihn. So vergehen die Jahre, der Mann versucht es mit Bestechung, vergebens. Er kauert sich nieder und wartet weiter, geduldig bis zum Tod – im Sterben brüllt ihm der Türhüter ins Ohr: »Dieser Einlass war nur für dich bestimmt. Ich gehe jetzt und schließe ihn.«

Diese kleine Erzählung hat mir nicht nur geholfen, immer wieder aufzustehen und vom Alkohol loszukommen, sie hat mich auch motiviert, um meine Ideale zu kämpfen, trotz aller Bedrohungen und unserer mächtigen Gegner.

Wie oft habe ich diese Geschichte gelesen und mir danach geschworen: Ich werde nicht stumm und ergeben vorm Eingang warten. Ich werde alles tun, um hineinzukommen, alles tun, um mein Recht und meine Würde wiederzuerlangen.

Damals habe ich in meinem Taschenbuch das Wort »Gesetz« durchgestrichen und »Recht« darübergeschrieben. Ich hatte zu viele Erfahrungen mit Paragraphen und Gesetzen gemacht. Heute finde ich das Wort »Gesetz« wieder besser. Aber das war ein weiter Weg. Niemals hätte ich gedacht, dass er 19 Jahre dauert. Vielleicht bin ich aber auch deshalb so alt geworden.

1998

Im März 1998 glauben wir uns endlich am Ziel: In einem Gesetzentwurf von Justizminister Edzard Schmidt-Jortzig (FDP) steht die Aufhebung aller NS-Unrechtsurteile – auch unserer. Doch Ende Mai werden bei der entscheidenden Beratung die Deserteure wieder gestrichen, auf Betreiben von Norbert Geis.

Wir sind am Boden zerstört.

Dann gewinnt im September Rot-Grün die Wahl, die Ära Kohl ist endlich vorüber und die neue Justizministerin Däubler-Gmelin schreibt mir am 16. Dezember, dass unsere Urteile nun pauschal aufgehoben würden.

Nur drei Monate später fliegt die deutsche Luftwaffe für die NATO 500 Kampfeinsätze im Jugoslawienkrieg – gegen das Völkerrecht und ohne UN-Mandat. Deutschland ist dabei, obwohl die Wehrmacht schwere Kriegsverbrechen an den Serben begangen hat. In diesen Märztagen 1999 haben wir auch die Politiker von SPD und Grünen als Verbündete verloren. Kanzler Schröder hat andere Prioritäten, als alte Deserteure anzuerkennen. Und die Minister für Verteidigung und Äußeres, Scharping und

Fischer, geben vor, sie wollten auf dem Balkan ein »zweites Auschwitz« verhindern. Was für eine schamlose Verhöhnung der Auschwitz-Opfer!

Ich empfinde das alles als so verlogen – in den Neunzigerjahren hat die türkische Armee mit deutschen Waffen Zehntausende Kurden getötet, vier Millionen in die Berge vertrieben und 3600 Dörfer niedergemacht. Da sind wir nicht einmarschiert. Die NATO hat in Jugoslawien nichts verloren – das ist Unrecht.

2000

Am Donnerstag, dem 20. Juli, wird »erstmals in der Berliner Gedenkstätte ›Deutscher Widerstand‹ im Bendlerblock ein Kranz zur Erinnerung an die zu Zuchthaus oder zum Tode verurteilen Kriegsdienstverweigerer und Deserteure der NS-Zeit in Deutschland niedergelegt« – so steht es in der Zeitung.

Erstmals dürfen auch wir dabei sein – zwar nicht offiziell eingeladen, aber von der Bundeswehr als Hausherrn zumindest geduldet. Es bewegt mich sehr, an diesem Ort unseren zahllosen Toten zu gedenken. Seit 1952 werden hier die Hitler-Attentäter gewürdigt und es ist schon seltsam: Sie gelten als Helden der Demokratie, obwohl ihnen keine Demokratie vorschwebte, sondern die Bewahrung eines starken, autoritären Deutschland ohne Hitler.

Vorn steht eine Ehrenabteilung Marinesoldaten stramm, die blauen Bändel ihrer weißen Mützen wehen im Wind. In der ersten Reihe: Witwen und Kinder und Enkel der Hingerichteten – neben Verteidigungsminister Rudolf Scharping. Doch die zumeist adeligen Nachkommen der Hitler-Attentäter lassen uns ihre Verachtung spüren. Wir Deserteure seien feige gewesen und keine Widerständler. Ich bin vor den Kopf gestoßen, wie reaktionär sich die Söhne und Enkel der »Widerstandshelden« aufführen.

Das Musikkorps spielt Bach, das Lied »Ich hatt' einen Kameraden« und die Nationalhymne. Die Redner sprechen vom Widerstand als Fundament unserer Republik, davon, dass die »Attentäter ihrer moralischen Kraft folgten«. Widerstand habe sich aber auch in kleinen Gesten gezeigt – bis hin zum heimlich zugesteckten Brot für eine Zwangsarbeiterin.

Uns Deserteure erwähnt keiner.

Unser Platz ist ganz hinten – erst nach der offiziellen Feier dürfen wir nach vorn. Unter Trommelwirbel legt schließlich Bundestagspräsident Wolfgang Thierse seinen Kranz nieder, die Soldaten präsentieren das Gewehr. Dann verlassen fast alle den Innenhof und es sind nur noch wenige da, als ich ans Rednerpult trete – darunter auch der evangelische Landesbischof Huber. Der nickt, als ich meine Empörung äußere über den Satz von Scharping, die Bundeswehr sei in Jugoslawien, »um ein neues Auschwitz zu verhindern«. Ungeheuerlich, dieser Vergleich. Dann lege ich meinen Kranz ab und rede noch mit einem Journalisten, als ein Major der Feldjäger meine Begleiter drängt, endlich zu gehen und diesen »Straftäter Baumann« mitzunehmen. Ich verlange eine Entschuldigung, die er ebenso verweigert wie die Nennung seines Namens.

Tage später zeige ich ihn an und vor Gericht sagt dieser Major der Reserve, der im Zivilleben Historiker an der TU Darmstadt ist, es könne doch nicht beleidigend sein, eine Rechtslage festzustellen – dieser Ludwig Baumann sei ja weiterhin vorbestraft. Nach Aufforderung der Richterin spricht er Worte des Bedauerns – ohne mich eines Blickes zu würdigen. Schließlich muss er 500 Euro Strafe zahlen. An die Kriegsgräberfürsorge. Das Verteidigungsministerium bittet mich für die »zugefügte Kränkung um Entschuldigung.« Immerhin. Unser Kranz verschwand damals freilich noch in derselben Nacht.

Nach zwei Jahren vergeblichem Warten auf rot-grüne Hilfe haben wir uns dann erstmals an die PDS gewandt. Deren Abgeordnete sagten gleich zu, für uns zu streiten, und reichten den SPD-Antrag vom März 1998 nochmals ein. Und zwar wörtlich.

Bei der ersten Lesung im Mai 2001 gab die SPD-Fraktion zu Protokoll: »Dieser Gesetzentwurf ist das Papier nicht wert, auf dem er steht – nicht die Zeit wert, die man braucht, um ihn abzulehnen.« Dabei war es im Wortlaut ihr eigener. Das war peinlich. Und amüsant. Später entschuldigte sich die SPD und brachte ihn mit auf den Weg.

Und dann wurde ich 80.

Und dann war es soweit.

Kapitel 9

2002

Mitteilung 362 der Unionsfraktion:
1. März 2002 – GEIS: EINE SCHANDE

Zur ersten Lesung zur pauschalen Aufhebung der Urteile gegen Deserteure im Zweiten Weltkrieg erklärt der rechtspolitische Sprecher der CDU/CSU-Bundestagsfraktion Norbert Geis:

»Der Weg zur Glorifizierung der Wehrmachtsdeserteure ist frei. ... Die Geschichtsforschung aber hat längst nachgewiesen, dass die Deserteure in der Regel keine Widerstandskämpfer waren, sondern dass viele von ihnen auch nach heutigen Maßstäben aus verwerflichen Gründen gehandelt haben ... Wenn wir diejenigen, die weggelaufen sind und damit andere in Not gebracht haben, jetzt als die eigentlichen Helden des Krieges rechtfertigen, begehen wir gegen die Unrecht, die ausgehalten haben, um den Schaden für unser Volk zu begrenzen. Fast 60 Jahre nach dem Krieg handeln wir schändlich gegen unsere Väter, die in den Krieg ziehen mussten, die nicht geflohen sind, ihr Leben eingebüßt haben oder schwer verwundet worden sind oder erst nach langer Kriegsgefangenschaft heimkehren konnten.«

Lange war ich zornig auf Norbert Geis, der uns so viele Steine in den Weg gelegt hat. Er war stur und reaktionär und gerade mal sechs Jahre alt bei Kriegsende. Ich habe ihn nicht verstanden und er hat mich nicht verstanden. Aber am Ende hat er verloren.

Am 17. Mai 2002 – einem Freitagabend – hebt der Deutsche Bundestag mit den Stimmen von Rot-Grün und PDS alle Urteile gegen uns auf. Wir Deserteure, Kriegsdienstverweigerer und »Wehrkraftzersetzer« sind nun nicht mehr vorbestraft. Es ist eine innere Befreiung – 57 Jahre nach Kriegsende.

Eine Befreiung vom Makel der Vorstrafe, aber auch von Demütigungen. Jahrzehnte konnte ich den Beschimpfungen als »Feigling« oder »Vaterlandsverräter« nichts entgegenhalten. Das Gesetz zur Aufhebung der NS-Unrechtsurteile bescheinigt uns, wir hätten »aus Gewissensgründen« gehandelt – und: »In einem vom NS-Deutschland verschuldeten Angriffs- und Vernichtungskrieg« sei unser Tun »weder kriminell noch unehrenhaft gewesen«.

Mein ganzes Leben war ein Kampf um meine Würde und nun habe ich sie wieder. Ein Traum geht in Erfüllung, wenn auch spät. An diesem Abend leben von uns 37 Gründungsmitgliedern der »Bundesvereinigung der Opfer der NS-Militärjusitz« noch sechs.

Eine der Ersten, die mir gratulieren, ist Irmgard Sinner, geborene Lueben. Tochter eines hohen NS-Militärrichters. Ihr Vater hatte sich am 28. Juli 1944 erschossen – auch ohne Abschiedsbrief sprach doch einiges dafür, dass er in schwere Gewissensnot geraten war, weil er am Tag seines Selbstmords drei Geistliche zum Tod verurteilen sollte, die den Judenmord scharf kritisiert hatten.

Irmgard Sinner war 17, als ihr Vater sich umbrachte, und hatte sehr an ihm gehangen. Er sei ein liebevoller Vater gewesen, der zu Hause nie von seiner Arbeit erzählt habe. Sie habe nur gewusst, er war beim Militär. Als Witwe eines hohen Offiziers bekam ihre Mutter nach dem

Krieg eine gute Rente. So vergingen die Jahrzehnte und Werner Lueben galt im Westen als »Justizmärtyrer« – bis zum Mauerfall.

Dann fand Professor Messerschmidt in Prag seine Akten und es kam heraus, welch grausame Urteile er gefällt hatte – und wie viele: über hundert Todesurteile. Zuletzt war er Senatspräsident am Reichskriegsgericht in Torgau gewesen, im Rang eines Generalleutnants.

1995 hatte Irmgard Sinner mir das erste Mal geschrieben. Ob sie mitmachen dürfe in unserer Bundesvereinigung? Die Treffen mit uns würden ihr helfen, ihre Vergangenheit aufzuarbeiten.

Die Tochter eines Täters suchte Kontakt zu Opfern – ihrem Seelenheil zuliebe. Wir haben sie ohne Gegenstimme aufgenommen. Sie empfand es als ungerecht, dass wir Deserteure noch immer vorbestraft waren, während ihre Familie anerkannt war und lange gut von der Pension gelebt hatte. 1996 schrieb sie persönlich an Bundespräsident Herzog und bat darum, uns zu rehabilitieren.

Irmgard ist bis heute hin- und hergerissen und sagt häufig: »Ich habe zwei Väter – manchmal fühlt es sich an wie eine Bewusstseinsspaltung. Aber sein Freitod ist für mich ein Silberstreif, das baut mich auf! Ich bewundere, dass er eines Tages sagte: Bis hier hin und nicht weiter, und dass er dann diese einsame Entscheidung getroffen hat.«

Und dann folgt meist: Ihr Vater habe auch nur »seine verdammte Pflicht getan und sei ein aufrechter Mann gewesen«.

An dem Punkt breche ich das Gespräch ab. Ich bin da anderer Ansicht. Ihr Vater, Generalstabsrichter Werner Lueben, hatte in vielen Fällen die Wahl, auf Zuchthaus zu entscheiden. Und stimmte für den Tod. Er hat auch das Urteil über Johann gefällt. Nur weil der nicht gemeldet hatte, dass seine Kameraden im Suff einen Soldatenrat ausgerufen und Hitler gelästert hatten. Johann ist 25 Jahre alt geworden.

Johann Lukaschitz, enthauptet in Halle, am 10. Februar 1945 – wegen Kriegsverrat.

Sein Urteil ist noch immer nicht aufgehoben. Norbert Geis und seinen Unionsfreunden ist es gelungen, die Sozialdemokraten davon zu überzeugen, dass die Urteile gegen »Kriegsverräter« bestehen bleiben müssten. Man könne ja nicht ausschließen, dass diese »Verräter« durch ihr Handeln Zivilisten oder deutschen Soldaten geschadet hätten.

Der Historiker Wolfram Wette analysiert daraufhin alle noch erhaltenen 63 Todesurteile wegen Kriegsverrat. Darunter waren zwei Obergefreite, die im Mai 1944 drei jüdische Familien in einem Wehrmachts-LKW von Ungarn nach Rumänien schmuggeln wollten. Grenzkontrolleure entdeckten die zwischen Fässern versteckten Menschen.

»Kriegsverrat« befanden die NS-Militärrichter, weil jeder geflohene Jude einen »willkommenen Zuwachs der feindlichen Macht« bilde, wie es im Urteil hieß. Ein anderer Deserteur, dessen Mutter Polin war, hatte als 23-jähriger Funker in Weißrussland eine Erschießung von 2000 Juden mit angesehen und in sein Tagebuch notiert: »Mich überfielen mit aller Macht Sorge und Angst um meine Mutter, die Erinnerung an das schreckliche Erlebnis und die Scham, dass wir, das kulturellste Volk der Welt und eine so ehrenvolle Armee, wie die deutsche es doch ist, so entsetzliche Mittel anwenden müssen, um ein politisches Problem zu lösen. Ganz verwirrt und innerlich gebrochen, entschloss ich mich, vorläufig nicht zur Truppe zurückzukehren.«

Er desertierte zu den Partisanen und wollte sich bis Genf durchschlagen, um das Rote Kreuz über die Judenmorde zu unterrichten. Kriegsverrat, Todesurteil.

Nächster Fall: Ein Kraftfahrer sagte russischen Kriegsgefangenen, Hitler werde Deutschland in den Abgrund führen. Todesurteil.

Andere hatten Kriegsgefangenen Brot zugesteckt. Todesurteil.

Laut der NS-Fassung des Paragraphen 57 im Militärstrafgesetz wurde zum Tode verurteilt, wer als Soldat dem Land Schaden zufügte oder dem Feind einen Vorteil verschaffte. Das ließ den Richtern sehr viel Spielraum. Nahezu alle Fälle waren politisch, religiös oder moralisch begründet und so kommt Wolfram Wette zum Schluss: »Diese Urteile müssen pauschal aufgehoben werden.« Das sei der Rechtsstaat den Opfern von einst schuldig. Und nicht zuletzt gehe es um die Angehörigen, die vielfach noch immer mit dem Gefühl lebten, einen Verbrecher in der Familie gehabt zu haben.

Nun argumentiert die Gegenseite, dass es aber vielleicht dennoch bislang unbekannte Einzelfälle gegeben haben mag, in denen Kriegsverräter das Leben ihrer Kameraden aufs Spiel setzten. Aber an diesem hypothetischen Punkt muss man auch mal sagen: Der Krieg hätte viel früher enden können und Millionen hätten nicht mehr zu sterben brauchen, wenn mehr Kriegsverrat begangen worden wäre. Das sage ich auch im Bundestag. Was konnte man denn Besseres tun, als diesen Krieg zu verraten? Man kann nichts Besseres tun, als auch in Zukunft jeden Krieg zu verraten!

Vergebens – diese Urteile haben noch lange Jahre Bestand.

2003

Zum 90. Geburtstag von Hans Filbinger lädt die Landesregierung im September zum Empfang ins Ludwigsburger Schloss. Zu Fischterrine, Kalbsrücken und Zwetschgen-Parfait würdigt Ministerpräsident Teufel (CDU) vor 130 Gästen das »ganzheitliche Denken und die Klarheit des juristischen Denkens« des Jubilars.

Was für eine Verhöhnung unserer Opfer. Ich erstatte Strafanzeige gegen Erwin Teufel – wegen Beleidigung von Wehrmachtsdeserteuren. Natürlich leitet die Justiz in Stuttgart kein Verfahren ein.

Und auch nicht nach meiner zweiten Anzeige im April 2007 – diesmal gegen Ministerpräsident Oettinger (CDU), nach seiner Rede im Freiburger Münster zum Tod von Hans Filbinger:

> »In Trauer, aber auch voller Respekt und Hochachtung verneigen wir uns vor einer großen Persönlichkeit, einem herausragenden Politiker und vor seinem Lebenswerk … Hans Filbinger war kein Nationalsozialist. Im Gegenteil: Er war ein Gegner des NS-Regimes (…) Es gibt kein Urteil von Hans Filbinger, durch das ein Mensch sein Leben verloren hätte. Und bei den Urteilen, die ihm angelastet werden, hatte er entweder nicht die Entscheidungsmacht oder aber

nicht die Entscheidungsfreiheit, die viele ihm unterstellen.«

Das stimmte schlicht nicht. Er hätte es beim Matrosen Walter Gröger sehr wohl bei einer Zuchthausstrafe belassen können. Aber er hielt die Todesstrafe für den Deserteur schlicht für richtig.

Dieser Mann zeigte zeitlebens keine Einsicht, nicht einmal den Ansatz zur Selbstkritik. Und dieser Hans Filbinger wurde nun zu Grabe getragen als »Gegner des NS-Regimes«.

Im Namen der Opfer der NS-Militärjustiz erstatte ich Anzeige wegen »Beleidigung und Verhöhnung unserer Opfer«. Zehn Tage später wird mir der Eingang meiner Strafanzeige bestätigt. Das war's dann aber auch.

***

Die Jahre nach 2002 – nach unserer Rehabilitierung – waren schön und schwer. Schön, weil die wichtigste Etappe geschafft war. Schwer, weil die »Kriegsverräter-Urteile« noch immer gültig waren, der Wind sich drehte und die neue, alte Rechte wieder salonfähig wurde – besonders bitter zu erleben in Ostdeutschland. Jedes Jahr gehe ich am Volkstrauertag auf den Waldfriedhof Halbe bei Berlin – dort liegen 28 000 im Kampf gefallene Soldaten der Wehrmacht, der Waffen-SS und des Volkssturms – aber auch 57 hingerichtete Deserteure. Später kamen dazu noch nahezu 5000 Tote aus dem sowjetischen Straflager – darunter waren viele unserer NS-Peiniger.

Die Neonazis marschieren in Halbe unter Polizeischutz auf und haben die breite Zufahrtsstraße vom Bahnhof zum Friedhof für sich. Wir dagegen stehen zwei Stunden eingekesselt am Ortsrand und am Ende dürfen nur zwei von uns unter Polizeischutz an den Deserteursgräbern Rosen ablegen – aber nur kurz, um während der »Gedenkstunde« der rechtsradikalen Deutschen Volksunion Ärger zu vermeiden. Ich bin da schon über 80 und empfinde das als tiefe Demütigung. Ein Sprecher der Kriegsgräberfürsorge meinte: »Im Tode sind sie doch alle gleich.« Das sehe ich anders.

Darum bin ich auch immer wieder nach Torgau gefahren – für uns Deserteure ist diese düstere Festungsanlage der zentrale Ort unserer Verfolgung. Umso schwerer war es zu ertragen, dass dort lange nur ein Kreuz stand für die »Opfer des Stalinismus«. Sachsens Justizminister Heitmann hatte ja öffentlich gesagt, ihm sei »das Gedenken an die Verfolgten nach 1945 wichtiger als die Erinnerung an die NS-Opfer«. Vielleicht, weil sein Vater in sowjetischer Gefangenschaft gestorben war.

Später dann sollte allen gleichermaßen gedacht werden – den hingerichteten Deserteuren *und* ihren später getöteten Folterern. Schließlich hielten die Russen dort nach Kriegsende 498 Gestapo-Männer und 25 NS-Militärrichter gefangen. Gemeinsames Gedenken – auch für jene, die Deserteure verurteilt, gefoltert und erschossen haben? Niemals!

Entsprechend heftig waren die Aussprachen im gemeinsamen Beirat. Heute gibt es dort eine Gedenkstätte – optisch ein wenig gegliedert, aber doch zusammenhängend – mit drei Tafeln: für die zu Unrecht Verfolgten der sowjetischen Besatzungsmacht, der DDR-Justiz und der Wehrmachtsjustiz. Aber man erfährt dort nicht, dass auf der einen Seite Erschossene und Gefolterte liegen, wofür auch Menschen verantwortlich sind, die auf der anderen Seite liegen.

Froh bin ich damit nicht. Ich wünsche mir in Torgau einen eigenen, würdigen Gedenkort für die 1300 erschossenen Deserteure, die vielen Hungertoten und NS-Folteropfer.

Post vom 30. Januar 2007

Jemand hat einen Zeitungsartikel über mich und meine Geschichte kopiert, handschriftlich »ergänzt« und anonym an mich geschickt. Unter meinem Foto steht in altdeutschen Druckbuchstaben: »Deutscher Drecksack!« Und groß, über allem, in Handschrift: »HENGT SIE ALLE AUF!«

Anscheinend gibt es auch unter den letzten alten Kameraden Legastheniker.

2009

Ohne die LINKE, vor allem ohne Jan Korte, hätte ich es nicht geschafft. Wir knüpften Allianzen zu Abgeordneten aller Parteien und Kirchenvertretern und präsentierten Wolfram Wettes Forschungsergebnisse. Zögerlich schwenkte die SPD ein und sogar die CDU stimmte schließlich zu: Auch die Urteile wegen Kriegsverrat sollten nun aufgehoben werden.

Nur Norbert Geis von der CSU blieb bei seinem Nein.

In der Sommerpause vor den Bundestagswahlen – am 8. September 2009 – kommt es zu einer Sondersitzung. 70 Jahre nach Beginn des Zweiten Weltkriegs stehen drei

Punkte auf der Tagesordnung, die auf traurige Weise und vielsagend alle ums deutsche Militär kreisen: die Bombardierung zweier Tanklaster bei Kunduz auf Befehl von Oberst Klein – dabei waren Tage zuvor viele Frauen und Kinder gestorben. Danach geht es um ein Ehrenmal für die gefallenen deutschen Soldaten in Afghanistan.

Ein weiteres Ehrenmal – im 21. Jahrhundert! Niemals hätte ich es für möglich gehalten, dass deutsche Soldaten je wieder töten und sterben müssen. Und wieder und noch immer die Frage: Für was? Für wen?

Beides wird ausgiebig besprochen und ich habe schon Angst, unsere Sache kommt nicht mehr dran. Aber dann, um 17 Uhr 20, ist es soweit: Ich schaue von der Besuchertribüne hinunter ins Plenum – alle Fraktionen stimmen dafür, auch noch die sogenannten Kriegsverräter zu rehabilitieren.

Jetzt haben auch sie ihre späte Würde zurück.

Ich bin glücklich. Und wütend. Und traurig. Diesen großen Tag erlebt keines der 36 anderen Gründungsmitglieder.

Ich bin der Letzte.

Epilog

War mein Leben so richtig? Ich denke, ja. Keinen Tag habe ich später gedacht: Wäre ich bloß nicht desertiert. Es war, wie es war. Und am Ende hatte ich ein erfülltes Leben – ohne den Kampf um meine späte Würde, wo wäre ich gelandet?

Ich gehe jede Woche ans Grab von Waltraud und rede mit ihr, mittlerweile ohne Schuldgefühle. Sie hat mir verziehen.

Es ist jetzt alles in Ordnung.

Die Versäumnisse meinen Kindern gegenüber nagen aber noch an mir. Erst war ich nie für sie da, dann meist überfordert und die letzten 20 Jahre kannte ich nur noch ein Thema – mein Thema. Ich bin froh, dass wir, wenn auch spät, noch zueinander gefunden haben. Mit meinen acht Enkeln verstehe ich mich gut und in meiner Küche hängen Zeichnungen meiner vier Urenkel – darunter steht: »Für einen besonderen Opa.«

Auf meinem Kühlschrank klebt die bekannte, stilisierte Silhouette von Che Guevara, schwarzweiß auf rotem Grund. Er ist eines meiner Idole, weil er sich für Gerechtigkeit eingesetzt hat. Er wurde nur 39 Jahre alt. Ich denke auch oft an den jungen Georg Büchner: »Friede den Hütten, Krieg den Palästen«. Solche Sprüche find ich gut.

Und auch eine Glückwunschkarte meiner Freundinnen aus der Friedensbewegung zum 80. Geburtstag hängt da. »Lieber Ludwig! Wir haben immer noch Wünsche. Wir möchten so viel ändern, verbessern. Wir haben eine Vision von einer gerechten Welt. Wir danken dir von Herzen, dass du jeden Donnerstag bei der Mahnwache dabei bist. Komm noch oft – per Bahn oder Rad. Unsere Bewunderung und unsere Liebe (jawohl!) sollen Dir Kraft schenken! – Die Gruppe Christinnen und Kommunistinnen für den Frieden«

Das schaue ich mir gerne an. Ohne Freunde, ohne Gleichgesinnte schafft man es nicht. Jahrzehnte bin ich jeden Donnerstag zur Mahnwache für den Frieden nach Bremen gefahren – meist mit dem Fahrrad durch unsere schöne Moorlandschaft. Und einige Jahre war ich auch mit einer der Frauen zusammen. Das war sehr schön, aber dann wurde es mir doch zu eng und ich habe Angst bekommen. Wir sind heute Freunde. Sie ist zehn Jahre jünger und so fröhlich. Ich bin das nicht. Vielleicht ist das mit der Seele wie mit dem Körper. Wenn einmal ein Arm ab ist, ist er ab, und wenn einmal etwas zerbrochen ist, ist es zerbrochen.

Große Sorge macht mir die Kälte in dieser reichen, kapitalistischen Welt. Wenn wir eine Zukunft haben wollen, sollten wir erkennen, dass Verzicht kein Opfer ist, sondern dass das einfache Leben das schönere ist. Nur sollten wir in der reichen Welt den Armen nichts erzählen vom Verzicht.

Für mich ist undurchschaubar, wie heute Kriege geführt werden – mit digitaler Ausspähung, Drohnen, Wirtschaftssanktionen. Leider helfen heute auch die Medien dabei, ganze Länder zu Tätern oder Opfern zu machen, in Gut und Böse zu teilen. Und noch immer sind die USA *die* militärische Weltmacht. Täglich geben sie zwei Milliarden Dollar für die Rüstung aus. Zwei Milliarden. Am Tag. Das ist doch Wahnsinn. Momentan sind wir, der reiche Westen, die Sieger der Geschichte. Aber in der

UN-Vollversammlung – wo jeder Staat nur eine Stimme hat – sitzen wir dafür häufig auf der Anklagebank. Kein Kulturkreis hat so viel Unrecht begangen wie der Westen. Und immer ging es um Macht und Geld. Wir verfolgen in Afrika und Bangladesch doch nur unsere Interessen und nicht die der Menschen dort, die für Hungerlöhne in Bergwerken schuften oder in Textilfabriken. Und wir können auch nicht erwarten, dass die Dritte Welt gewaltfrei für unseren Wohlstand verhungert.

Natürlich bäumen die sich auf gegen das Unrecht und ein Teil des weltweiten Terrorismus erwächst aus der Unterdrückung.

Der langjährige UNO-Sonderberichterstatter für das Menschenrecht auf Nahrung, Professor Jean Ziegler, beschuldigt unsere reichen, westlichen Länder des millionenfachen Mordes an den Armen, weil wir der übrigen Menschheit zu unserem Vorteil und Überfluss eine Weltwirtschaft aufgezwungen haben und weiter aufzwingen, bei der jeden Tag bis zu hunderttausend Menschen verhungern. Dieses Wohlstandsgefälle wird auch militärisch verteidigt.

Ich hoffe sehr für meine Enkel und Urenkel, dass Hermann Scheer nicht Recht hat – der Träger des Alternativen Friedensnobelpreises prophezeite, dass dieses 21. Jahrhundert sehr grausam wird. Weil die Rohstoffe schwinden und die Verteilungskämpfe sehr hart werden – denn ohne Rohstoffe kein Wohlstand. Und wer weiß schon, wer in Zukunft in den Besitz von Atombomben gelangt?

Es sieht ganz danach auch, als ob wir aus der Geschichte nichts lernen. Ich gebe Hermann Scheer mit meinen 92 Jahren ungern Recht. Und werde darum nicht müde zu rufen: Lebt gewaltfrei! Lasst euch nicht für Kriege missbrauchen und von den Medien täuschen. Vor allem aber, und das rufe ich nicht nur den heutigen Soldaten zu: Hört niemals auf, selbstständig zu denken! Prüft euer Gewissen und hört auf das, was es euch sagt. Handelt nicht gegen eure Überzeugungen. Soldaten wurden immer dazu missbraucht, alles zu zerstören, das fremde Land, das eigene und sich selber. Was haben wir am Hindukusch zu suchen, welche Interessen verteidigen wir da? Was hat der Afghanistan-Einsatz gebracht? Tausende Tote, darunter auch deutsche Soldaten – gestorben wofür? Für die Interessen weniger.

Und was wäre denn, wenn die armen Länder militärisch stärker wären und ihre Interessen am Rhein oder in Texas verteidigen würden – was würden wir da sagen?

Ich bin fassungslos, wie wenig wir gelernt haben.

Und was war das für ein Zeichen, Oberst Klein zum Brigadegeneral zu befördern? Nachdem sein Befehl zum Bombardieren der Tankwagen bei Kunduz 100 Zivilisten den Tod gebracht hat?

Wir in diesem reichen Land, von keinem bedroht, mit unserer Geschichte, sind aufgerufen zu gewaltfreiem Handeln, uns für Gerechtigkeit, für das Leben und für den Frieden einzusetzen.

Und man kann doch nichts Besseres tun, als auch in Zukunft jeden Krieg zu verraten. Kürzlich sagte Bundespräsident Joachim Gauck – unter dem Applaus der Minister für Verteidigung und Äußeres – auf der Münchner Sicherheitskonferenz: In dieser globalisierten Welt, von der die Deutschen sehr profitierten, müsse Deutschland künftig bereit sein, mehr zu tun. Es gebe Menschen,

»die Deutschlands historische Schuld benutzen, um dahinter Weltabgewandtheit oder Bequemlichkeit zu verstecken … Es gab für die Nachkriegsgenerationen Gründe, misstrauisch zu sein – gegenüber der deutschen Staatlichkeit wie gegenüber der Gesellschaft. Aber die Zeit eines ganz grundsätzlichen Misstrauens ist vorüber«. Solche Worte aus dem Mund eines Pastors – da wird mir angst und bang. Ich sage: Die Mächtigen der Welt fürchten uns Deserteure, Abweichler, weil wir ihre Absichten durchkreuzen. Ich möchte die jungen Leute aufrufen, sich zu verweigern, wenn sie spüren, dass es einer schlechten Sache dient. Auch im zivilen und im Wirtschaftsleben kann man um seine Würde kämpfen, Courage zeigen, widerständig sein.

Hierzulande meinen viele, dass alles gut funktioniert. Aber geht nicht vieles auf Kosten der Armen, Kranken, Ungebildeten und Alten? Solidarität ist für mich ein zentrales Wort. Und nur ein paar Hundert Kilometer weiter, in Südeuropa, ist die Hälfte der Jugend ohne Ausbildung oder Arbeit. Wir in Mittel- und Nordeuropa sind doch momentan vor allem die Nutznießer einer üblen Entwicklung.

Vielleicht bin ich auch so alt geworden, weil ich für meine Sache kämpfen durfte – vielen von uns Deserteuren fehlte dafür die Kraft, denn ohne Würde kann man schwer leben.

Was wird sein, wenn wir Zeitzeugen nicht mehr sind? Mir ist bang, wie die Verbrechen der NS-Zeit Stück für Stück relativiert und verharmlost werden. Solange ich kann, werde ich vor Schülern sprechen. Zum Lohn bekomme ich Briefe wie diesen:

»Lieber Herr Ludwig Baumann,
es war wirklich toll, einen Zeitzeugen persönlich zu hören. Da wir es sonst nur aus Geschichten oder Büchern lesen oder hören, wie es den Menschen in der Zeit ging. Sie haben die Geschichte, nein, ihr Leben so erzählt, dass sich mein Herz jede einzelne Minute bewegt hat. Ich war so mitgerissen und konnte mich hineinversetzen und fühlen, wie es für Sie damals gewesen sein musste. Die Bilder erschienen einfach vor meinem Gesicht. Es war schrecklich .... Was ich noch toll fand, dass Sie gelacht haben. Denn da ging in mir etwas auf und ich war glücklich, Sie nach allem lächeln zu sehen. Außerdem werde ich alles dafür tun, dass Ihr letzter Wunsch in Erfüllung geht. Ich werde mit meiner Klasse alles dafür tun, dass ein Deserteurs-Denkmal eingerichtet wird, um sie glücklich zu machen.«

Ist das nicht schön?!

Und mehr noch: Die zehnten Klassen der Hamburger Ida-Ehre-Schule haben dem Hamburger Bürgermeister Scholz geschrieben und so mitgeholfen, dass es dort ein Deserteurs-Denkmal geben wird. Nicht versteckt, nicht klein, sondern öffentlich und groß inmitten der Stadt, am Dammtor. Dort steht bereits der sogenannte »Kriegsklotz« – ein sieben Meter großer Block aus Muschelkalk, ein Kriegerdenkmal von 1936. Darauf marschieren, in Stein gehauen, umlaufend 88 Soldaten mit geschultertem Gewehr in Viererreihen und darüber steht: »Deutschland muss leben, und wenn wir sterben müssen«. Eine Idee war, am Klotz die weiße Silhouette einer unbewaffneten, lebensgroßen Figur zu befestigen, die entgegengesetzt zu den Soldaten läuft. Der Deserteur.

Ich bin gespannt, wie es am Ende aussehen wird – im Januar 2015 soll das Denkmal eingeweiht werden. Da möchte ich noch dabei sein – wir werden sehen.

Ich bin nun wohl der letzte Deserteur.

Lange dachte ich, mein Leben sei wertlos, ich sei wertlos. Darum habe ich mich auch lange geweigert, über mein Leben zu schreiben. Und auch, weil das Erinnern schmerzte. Das sehe ich nun anders. Ich möchte, dass mein Schicksal der Nachwelt erhalten bleibt.

Jüngst fragte mich ein Freund: »Was soll, was darf jetzt – mit 92 – noch kommen in deinem Leben?«

Nun, ich möchte noch so lange wie möglich wach und tatkräftig bleiben.

Und dann in Würde sterben können.

Zu den Autoren

LUDWIG BAUMANN, geb. 1921, ist der letzte noch lebende Wehrmachtsdeserteur. Jahrzehntelang hat er sich für die Rehabilitierung der Opfer der NS-Militärjustiz eingesetzt und sich als wichtiger Protagonist der Friedensbewegung gegen den Krieg, für Frieden und Gerechtigkeit engagiert.

NORBERT JOA, geb. 1961, ist Reporter und Moderator für den BR-Hörfunk, u. a. moderiert er auf Bayern 2 »Eins zu Eins. Der Talk«. Dozent an der Deutschen Journalistenschule und der Bayerischen Landeszentrale für Neue Medien. CIVIS Preisträger 2000.